Impactos y Conflictos Producidos por la Inteligencia Artificial en el Mundo Actual

Diversos Impactos y Conflictos ha producido la implementación de la Inteligencia Artificial en el Medio Ambiente, los Derechos Humanos, Seres Humanos y la Constitución Nacional

Fatima K. Hosein

Noviembre, 2024

Copyright © 2024 by Fatima K. Hosein

Todos los derechos están reservados. Ninguna parte de esta publicación podrá ser reproducido, distribuido, o transmitido por ningún motivo, incluyendo fotocopias, grabaciones u otro tipo de tecnológica o mecánico medio sin previa autorización escrita por parte de la Autora, con excepciones de particulares y cortos citaciones incorporado en reseñas críticas y otros usos no comerciales permitidos por la ley de derechos de autor

Tabla de Contenido

Contenido	Pp
Tabla de Contenido	3
Introducción	5
El Impacto y Conflictos producido por la Inteligencia Artificial en el Mundo Actual	9
La Inteligencia Artificial	19
Significado vs Definición de Inteligencia Artificial	26
Ámbito Científico y Tecnológico	
Criterio de los Investigadores	
Criterio de los Diccionarios y Autores	
Punto de vista Legal	
Punto de vista del Medio Ambiente	
Seres Humanos	48
Medio Ambiente	62
Leyes	69
Naciones Unidas y el Nuevo Orden	80
Derechos Humanos	82
Constitución Nacional	102

Unión Europea y la Inteligencia Artificial   119
    Países que se han Retirado de la Unión Europea
    Países que No Forman Parte de la Unión Europea

Reglamento de Inteligencia Artificial de la Unión Europea   130

Impacto de la Inteligencia Artificial   141
    El Impacto de la Inteligencia Artificial en el Medio Ambiente
    Impacto de la Inteligencia Artificial en los Derechos Humanos
    Impacto de la Inteligencia Artificial en la Constitución Nacional
    Impacto de la Inteligencia Artificial en el Ser Humano

Conclusión   170

Referencias   174

Introducción

La Inteligencia Artificial es uno de las constantes transformaciones y avances que ha desarrollado la tecnología, y que a diferencia de los otros avances, transformaciones y herramientas de la tecnología, la implementación de la Inteligencia Artificial en los distintos sectores y ámbitos de la vida ha venido acompañando de conflictos, contradicciones y desventajas que no han sido tomados en cuenta debido a la gran cantidad de propaganda que se le ha dado, sin embargo, contrario a las ventajas, bondades y beneficios con el que ha sido vendido la Inteligencia Artificial no se ha considerado que al igual que todo avance o desarrollo tecnológico no es perfecto y cuenta con un lado negativo capaz de generar importantes danos e incrementar el nivel de riesgos y conflictos en áreas como el Ser Humano, Medio Ambiente, los Derechos Humanos y un importante e innegable conflicto con la Constitución Nacional.

La Inteligencia Artificial ha querido ser vendido como una importante e indispensable herramienta, avance tecnológico para la investigación, evaluación, desarrollo científico, educación, artes, y diseño, queriendo omitir, dejar de lado el daño que causa al Medio Ambiente, Ser Humano, Derechos Humanos y la Constitución Nacional durante el proceso de creación de los diferentes tipos de Inteligencia Artificial que existe en la actualidad, haciéndose presente tanto en los diversos sectores y ámbitos de la vida y del mundo. Otro aspecto que es importante no olvidar, ni descartar es que por más que se intente o logre avanzar en el desarrollo de la tecnología ella no podrá desempeñar ni realizar en un cien por ciento las actividades que Ser Humano realiza de igual o compatible manera debido a la indiscutible y no cuestionable diferencia que existe entre el Ser Humano y la Inteligencia Artificial.

Para la creación y desarrollo de los diferentes tipos de Inteligencia Artificial se es necesario la utilización e implementación de diversos mecanismos, materiales, componentes e infraestructura que lejos de proteger el Medio Ambiente incrementa los tipos de riesgos, el daño y destrucción al Medio Ambiente, al igual que incrementa el nivel e incremento en el porcentaje en la ocurrencia y frecuencia, eventos catastróficos en el mundo tanto en el presente como su influencia en la existencia de futuros eventos sin poder dejar de mencionar la producción de negativos efectos del cambio climático.

Además del daño y riesgo que la Inteligencia Artificial significa para el Medio Ambiente se hace presente el conflicto que existe entre la Inteligencia Artificial con los Seres Humanos, Derechos Humanos y la Constitución Nacional, los cuales no fueron considerados como al momento de determinar y evaluar las implicaciones y consecuencia que produciría la explotación y puesta en uso la inteligencia artificial en los diferentes sectores y niveles.

En el caso de los Derechos Humanos se observa como cada día aumenta el tener, desconfianza e incluso el rechazo hacia la Inteligencia Artificial debido a la no existencia de leyes, reglamentos, normas jurídicas que regule el desarrollo, creación, implementación y uso de la inteligencia artificial ha hecho que se violente y no se respete los Derechos humanos que tienen las personas, viéndose afectados no solamente en el amitos profesional y personal, sino también en lo que se refiere a las obligaciones, responsabilidades y sanciones, al igual que el aumento del número de despidos que ha generado la masiva implementación de la Inteligencia

Artificial, hecho que ha sufrido una importante transformación con la reciente aprobación del Reglamento de la Inteligencia Artificial aprobada la Unión Europea.

Por otro lado, se encuentra el conflicto que se produce entre la Inteligencia Artificial y la Constitución Nacional siendo que se está intentando introducir de manera masiva los diferentes tipos de Inteligencia Artificial en los distintos sectores y actividades de la sociedad sin tomar en cuenta los derechos, obligaciones, responsabilidades y sanciones que se encuentran contemplados en cuerpo normativo de la Constitución Nacional.

En el caso denominados Robots o Humanoide a los cuales se les está intentando proporcionar el mismo nivel y capacidad de los Seres Humanos, pero creando a su vez una nueva sociedad la cual no está contemplada dentro del cuerpo normativo de la Constitución Nacional y como han de ser considerados, así como, los derechos, deberes, obligaciones y responsabilidades hacia y desde los llamados Robots o Humanoides.

El Impacto y Conflictos producido por la Inteligencia Artificial en el Mundo Actual

La Inteligencia Artificial se encuentra en todos las áreas de la vida y ámbitos de desarrollo del mundo y la sociedad tanto a nivel individual, colectivo, público y privado creando importantes impactos positivos, negativos e incluso inesperados los cuales requieren de la intervención de todos, así como, la constante vigilancia, supervisión, e integración en todas las discusiones y debates que a este tema se refiere por parte de la sociedad, profesionales en tecnología e Inteligencia Artificial, profesionales en todas las distintas áreas, gobiernos, organizaciones nacionales e internacionales, y organismos de seguridad existentes y los que se han de considerar necesario crear para poder cumplir de manera efectiva los objetivos de seguridad, protección, vigilancia y seguimiento.

Para poder comprender el impacto que produce la Inteligencia Artificial en el mundo se debe tener un breve conocimiento de los aspectos más relevantes de manera de poder determinar, identificar cuáles y donde se producen los diferentes impactos, de manera que sea posible poder contar con la capacidad de desarrollar e implementar las estrategias adecuadas al caso o situación que se haga presente, siendo incapaz de desconocer que no es posible abarcar todos y cada uno de los aspectos, áreas, sectores en donde la Inteligencia Artificial crea impacto de manera inmediata e instantánea, a lo cual se presenta como una situación contraria a la capacidad que existe de poder anticipar los diversos casos y/o situaciones que puedan ocurrir en un determinado momento,

La necesidad e importancia de obtener y manejar informaciones y conocimientos de aspectos como el Ser Humano, Derechos Humanos, Medio Ambiente, Constitución Nacional e incluso de la Unión Europea contribuirá a lograr un mejor y mayor entendimiento de la Inteligencia Artificial, en cualquiera de sus tipos, formas de aplicación, implementación y uso, así como, su dirección y futuro.

El estudio de la Inteligencia Artificial puede resultar contradictorio por cuanto representa uno de los avances que ha logrado desarrollar el Ser Humano y el cual resulta ser una de las causas de incremento de daños, riesgos y peligros tanto para la ida y supervivencia de todo ser viviente para la y de la misma Inteligencia Artificial.

No cabe duda que son muchos los aspectos, situaciones y elementos que requieren ser tomados en cuenta al momento de examinar, supervisar, vigilar y evaluar los múltiples impactos de la Inteligencia Artificial produce en el mundo actual, siendo estos los que han de ser parte integral y fundamental para la determinación e implementación de para poder determinar cuál es la estrategia más adecuada que se debe implementar tanto a nivel nacional como internacional y lograr reducir y/o eliminar los efectos e impactos negativos de la Inteligencia Artificial que se extiende a todo el mundo sin excepción o limitación alguna.

Debido a las particularidades que posee la Inteligencia Artificial no es posible hacer referencia a efectos o impactos positivos y/o negativos de la Inteligencia Artificial de manera individual, aislada, especifica, limitada, por el contrario todos los efectos, impactos que produce son colectivos, generales, amplios, complejos, combinados y afectan a toda la vida en el mundo sin la posibilidad de diferenciación o limitación, de allí que surgen la urgente necesidad de identificar, analizar y comprender los diferentes impactos que produce la Inteligencia Artificial, los cuales han demostrado un importante e indetenible aumento de los impactos negativos en comparación con la existencia de impactos positivos que han de observar en cada una de las áreas de la vida y desarrollo personal y profesional.

Es frecuente encontrar en sentido general la presentación de impactos y/o efectos positivos y negativos englobando todos los beneficios, ventajas, desventajas y debilidades, pero cuando se refiere a la Inteligencia Artificial resulta difícil lograr establece de manera globalizada o general los diversos impactos que genera la Inteligencia Artificial, siendo necesario presentarlo de acuerdo a los diferentes ámbitos y sectores en los cuales se implementa y utiliza la Inteligencia Artificial.

a.- Efectos o Impactos Positivos: existe una gran cantidad de áreas en la que está presente los beneficios y ventajas que ha producido la Inteligencia Artificial, algunos de los cuales son más limitados que otros, motivo por el cual para demostrar los efectos o impactos positivos y en los cuales ha tenido una mayor relevancia en el presente se puede hacer referencia a:

a.1.- Salud: Contribuye al desarrollo y funcionamiento de herramientas y tecnología de importancia para el mejoramientos y cuidado de la salud de todos los seres vivos como de los equipos médicos necesarios para el desarrollo y ayuda de los profesionales de la salud en todos las áreas de salud y sus investigaciones para el desarrollo de medidas preventivas para el presente y futuro, como puede ser el caso de vacunas.

a.2.- Investigación: En la realización de investigaciones en todos sus niveles, pudiéndose presentar como un caso específico la realización de investigaciones en lugares donde el Ser Humano no es capaz de llegar, o para el caso de manejo de sustancias y elementos que pueden o son considerados de alto riesgo para la vida.

a.3.- Asistencia: En lo que se refiere a este punto es necesario destacar que aun cuando la Inteligencia Artificial se emplea como asistente para la realización de diferentes tipos de actividades la Inteligencia Artificial tiene limitaciones a la hora de poder cumplir con todas las funciones que se requieren para la obtención completa de los resultados esperados y/o deseados.

b.- Efectos o Impactos Negativos: En cuanto a los efectos o impactos negativos se presentan en todos los sectores incluso en los cuales producen efectos o impactos positivos, pero en diferentes niveles y situaciones lo cual en ciertos ámbitos puede resultar contradictorio. Algunos de los efectos o impactos negativos que la Inteligencia Artificial se presentan a continuación:

b.1.- Contaminación: La contaminación generada por la Inteligencia Artificial se presenta diferente a la conocida contaminación de manera general, en este aspecto se destaca los diferentes tipos de contaminación producido por los materiales, componentes y procesos que son utilizados para el desarrollo y construcción de la Inteligencia Artificial lo cual influye directa e indirectamente en el aumento de los niveles de todo tipo de contaminación conocidos.

b.2.- Destrucción: Uno de los aspectos que se hace notable en cuanto a la destrucción que causa la Inteligencia Artificial esta referida a las plantas o fabricas necesarias para el desarrollo y creación de la Inteligencia Artificial, debido a la cantidad de espacio, maquinarias y equipos necesarios para el desarrollo de este tipo de tecnología causando daño a grandes extensiones de tierra y Medio Ambiente.

b.3.- Aislamiento: Genera y aumenta el nivel de aislamiento de los Seres Humano, haciéndose dependientes solamente de la Inteligencia Artificial para cubrir su tiempo y realizar todas las actividades tanto a nivel personal como profesional, reduciéndose en niveles importantes el contacto y/o comunicación con personas de su entorno (familiares, amigos, colegas) e incluso pudiendo llegar a un nivel de aislamiento completo.

b.4.- Limitado: La Inteligencia Artificial ha llegado con una importante debilidad que es su limitación e incapacidad de ser de posible acceso y uso de igual manera por todas las personas, debido a que un gran número de personas no cuentan con la capacidad y conocimiento de acceso y manejo de la tecnología y la Inteligencia Artificial sin importar cual sea su nivel de complejidad y uso.

b.5.- Derechos: Con la implementación y uso de la Inteligencia Artificial tanto en ámbito personal, profesional y laboral los derechos de los seres humanos se han visto afectados de manera negativa, debido a la poca o ninguna existencia de leyes y/o regulaciones que protejan los derechos de los seres humanos viéndose afectados por acciones que atentan contra ellos y produciendo como consecuencia la incapacidad de ejercer la correcta y adecuada defensa, así como, exigir la aplicación de responsabilidades y sanciones.

b.6.- Economía: Parece contradictorio considerar que la Inteligencia Artificial pueda ser capaz de generar efectos negativos a la economía, al igual que puede llevar a producir un importante retroceso y disminución de la velocidad en el avance económico a nivel personal, social, colectivo y del país a nivel interno (nacional) como externo (internacional) y obtención de los objetivos planteados.

b.7.- Legal: Desde el punto de vista legal se observa que debido a la inexistencia total o parcial de leyes y reglamentos destinadas a la Inteligencia Artificial se han producido acciones y actividades contrarias a la Ley (delitos) afectando a todos por igual, pero a su vez da origen a la existencia de conflictos entre las leyes por no poder contar con las normas jurídicas adecuadas para resolver los conflictos que involucran a la Inteligencia Artificial.

Estos son solamente algunos de los múltiples impactos que existen que han de producir la Inteligencia Artificial, algunos de los cuales resultan tener diferentes niveles de complejidad y desafío que se produce entre el impacto que la Inteligencia Artificial produce y la idea u objetivos con el que fue diseñado y creado la Inteligencia Artificial.

No importa de área o ámbito se refiera siempre va a ser posible observar la existencia una mayor cantidad de semejanzas que la existencia de diferencias en la Inteligencia Artificial y su implementación y uso, por cuanto el impacto que produce la Inteligencia Artificial afecta a todas las áreas o ámbitos sin distinción, haciéndose presente la existencia de inesperadas situaciones y eventos que influyen en el desarrollo y avance tanto de las personas a nivel personal y profesional (individual y colectivo).

Además del impacto en los Seres Humanos, el impacto de la Inteligencia Artificial también se hace presente en otro sector de gran complejidad, amplitud y sensibilidad como lo es el desarrollo del país en lo interno (nacional) y externo (internacional), resultando imposible desconocer la necesidad de estudiar y considerar todas las áreas, ámbitos, situaciones e impactos presentes y futuros, al igual que las acciones que dejaran de causar controversias, debates y discusiones en los diferentes grupos afectados (positiva y/o negativamente) e interesados (directos e indirectos).

Algunos de los impactos que produce la Inteligencia Artificial en la actualidad están siendo objeto de discusiones en todos los sectores (legal, judicial, político, económico, cultural, social, educativo, derechos de autor, ambientales) en lo que se han presentado contradicciones y conflictos entre las consideraciones y preocupaciones del pasado y presente, así como, las posibles situaciones que pueden ocurrir en un corto, mediano o largo plazo, pudiéndose también hacer referencia a como el impacto que produce la Inteligencia Artificial en las áreas mencionadas también puede influir en su propia evolución y desarrollo.

A pesar del rápido impulso que ha tenido la Inteligencia Artificial en el presente las contradicciones, temores y desconfianza no dejan de estar presente, aun cuando sea en niveles diferentes y complejidad demostrando que aun con el transcurso del tiempo y el mantenimiento de los mismos temores y contradicciones se han mantenido, pero con diferencia en el nivel de ocurrencia de los impactos y demostrando que dichos sentimientos y percepciones hacia la Inteligencia Artificial continuarán ocurriendo de la misma manera en que la sociedad y el mundo continua cambiando y transformándose también continuara existiendo los Impactos de la Inteligencia Artificial.

La Inteligencia Artificial

La Inteligencia Artificial (IA) también conocida como Artificial Intelligence (AI) en inglés, se ha difundido y comercializado con la utilización de sus siglas IA o AI, pero además con que se ha presentado y hecho conocer hay otros aspectos que envuelven el pasado, presente y futuro de este tan promocionado y difundido desarrollo tecnológico.

- ✓ ¿Qué es lo que en realizad se sabe o conoce de la Inteligencia Artificial?

Distinto a lo que muchos piensan de la inteligencia artificial reciente data o considerarse como nueva, por cuanto su origen se remite al año 1956, sin embargo, en los últimos años y más recientemente en los últimos meses cuando la inteligencia artificial ha producido un importante impacto e influencia, incrementado su utilidad en múltiples usos y funciones tanto a nivel profesional, laboral y personal creando discusiones, debates, e incluso contradicciones en todos los sectores dando origen a tres grupos el primer grupo conformado por quienes apoyan y soportan la existencia de la Inteligencia Artificial, el segundo grupo integrado por quienes no apoyan la existencia y uso de la Inteligencia Artificial, y el tercer grupo integrado por quienes mantienen un postura neutral aceptando los beneficios de la Inteligencia Artificial, pero sin negar, ni desconocer que la Inteligencia Artificial tiene fallas y no puede ser incorporado tan abiertamente sin ningún tipo de supervisión y regulación como lo ha hecho hasta los momentos.

Al igual que todo cambio, transformación y avance tecnológico, la inteligencia artificial debe demostrar no solamente el lado positivo, de los beneficios que es capaz de producir sino también la existencia del lado negativo y en el avance y desarrollo de la Inteligencia Artificial tanto en el presente y futuro, y el cómo poder lograr un equilibrio en su uso, entre el lado positivo y negativo en el funcionamiento y aplicabilidad.

- ✓ ¿Cuáles son las implicaciones y consecuencias de la existencia e implementación de la Inteligencia Artificial de la cual no se ha escuchado hablar?

- ✓ ¿Qué implica la implementación de la Inteligencia Artificial en los diferentes ámbitos económico, social, cultural, educativo, laboral y legal)?
- ✓ ¿Cuál es la dirección que tiene la Inteligencia Artificial para el presente y futuro?

- ✓ ¿De qué manera se va a establecer las obligaciones, responsabilidades y sanciones con la implementación de la Inteligencia Artificial?

No con ello se quiere decir que la Inteligencia Artificial en general o alguno de los diversos tipos de Inteligencia Artificial es en su totalidad malo o solamente generador de negativos efectos o impacto, por lo contrario, la Inteligencia

Artificial demostrando que además de contener habilidades y capacidades es capaz de producir importantes y positivos resultados para el presente y en el futuro, sin embargo, a pesar de las positivas funciones y características hay una gran cantidad de aspectos y situaciones que no fueron tomas en cuenta.

A la Inteligencia Artificial se le ha otorgado múltiples y diversas funciones de manera que sea posible que las personas con o sin conocimientos, especiales de tecnología puedan acceder a ella y utilizarla como una herramienta útil para llevar a cabo y/o completar diversas actividades de uso personal, profesional, educativo e incluso en áreas como diseño, fotografía, y arte lo cual ha generado conflicto en materia de creatividad, originalidad, diseño y especialidad en cada uno de estos ámbitos, todo ello dando origen a la pregunta:

- ✓ ¿Si la Inteligencia Artificial es tan buena a tal punto que puede ser considerada como una importante herramienta para el sector educativo, profesional, persona, diseño, artístico, científico y de investigación como es capaz de generar efectos negativos y se considerado como productor de conflictos e ir en contra de los Derechos Humanos y de la Constitución Nacional?

✓ Si la Inteligencia Artificial es contradictorio y posee un alto nivel de fallas y es generador de conflictos ¿Cómo puede ser bueno e importante?

En la actualidad la Inteligencia Artificial tiene que enfrentarse a muchos retos y problemas siendo uno de ellos el no reconocimiento y que no es perfecta y cuya adaptación a las exigencias de la sociedad, las leyes y el entender que no es infalible, e incapaz de sufrir daños, fallas, así como, el admitir y reconocer que no es capaz de asumir en su totalidad todas las actividades que realiza el ser humano y no tener en ello ningún porcentaje de error tal como se ha promocionado en las múltiples campanas y promociones con la que se ha vendido y hecho público la Inteligencia Artificial para su implementación y uso en los diferentes sectores.

La celeridad por vender, promocionar, implementar y uso de la Inteligencia Artificial en el sector público y privado, tanto para el desarrollo y realización de actividades profesionales, laborales, personales, educativas, comerciales y sociales ha hecho que se olvide y pase de largo el aspecto legal, la cual lamentablemente no fue tomado en cuenta antes, durante y después del desarrollo, creación y lanzamiento de la Inteligencia Artificial, siendo evidente que hasta la fecha es muy poca la existencia o casi ninguna legislación o reglamento que regule la existencia y funcionamiento de la Inteligencia Artificial, permitiendo que hechos y eventos contrarios a la ley (delitos) cometidos es lo que ha causado que algunos poco países se planteen la necesidad de la existencia de leyes, reglamentos, normas jurídicas en esta materia

Figura 1. Ámbitos de Conflicto con la Inteligencia Artificial

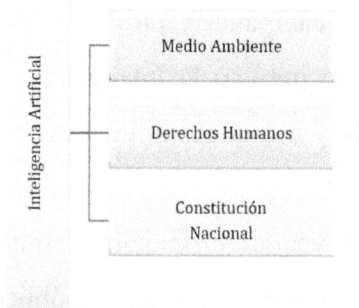

Fuente: Autora, 2024

Diversas son las discusiones en relación a los usos e importancia de la Inteligencia Artificial en la actualidad, la accesibilidad a ella, amplitud y complejidad que tiene y ofrece para los diversos sectores, pero muy poco es lo que se ha discutido acerca de los conflictos y contradicciones que tiene y produce la inteligencia artificial en sectores como el Medio Ambiente, los Derechos Humanos y la Constitución Nacional creando una serie de situaciones que han sido planteados o que por el contrario han sido desestimados retándoles importancia por tratarse de una herramienta tecnológica cuando se puede observar en la "Figura 1. Ámbitos de Conflicto con la Inteligencia Artificial" que la Inteligencia Artificial está presente en cada uno de estos ámbitos y crea situaciones con importantes y negativas repercusiones tanto en el presente como para el futuro, pero a su vez dando origen al temor y rechazo hacia la tecnología y los avances que ella produzca aun cuando tengan una positiva función y resultado y sea capaz de producir posibilidades, ayuda y contribución al avance en todos los sectores y ámbitos.

Así mismo, en la "Figura 1. Ámbitos de Conflicto con la Inteligencia Artificial" se puede observar que una de las mayores contradicciones de la inteligencia artificial se encuentra en el Medio Ambiente, siendo este la principal fuente de vida en el mundo y la cual se ve afectada mediante la destrucción e incremento del daño por fuentes contaminantes para lograr la creación y desarrollo de la inteligencia artificial, los Derechos Humanos por cuanto la no existencia de la debida legislación, reglamento, norma jurídica que regule la inteligencia artificial los Derechos Humanos de las personas se han visto afectados como es el caso del Derecho del Trabajo, y en el caso de la Constitución Nacional en el aspecto referido a la creación de la llamada "Nueva Sociedad" conformada por los conocidos como Humanoides entrando en conflicto con el término "Sociedad, Personas, Seres Humanos, Población, Habitantes" conocido y establecidos dentro del cuerpo normativo de la Constitución Nacional al igual que en los aspectos referidos a obligaciones, responsabilidades y sanciones.

Significado vs Definición de Inteligencia Artificial

Al buscar por distintos medios y fuentes la definición o significado de la Inteligencia Artificial es posible encontrar que es presentado de la misma manera dando entender que el significado y la definición de la Inteligencia Artificial no existe diferencia alguna cuando en realidad entre el significado y la definición de la Inteligencia Artificial existe diferencias tanto en sus características, ideas, manera en cómo es presentado o explicado, teniendo en cuenta al grupo o sector a que se refiera, lo cual hace que aumente el número de interrogantes, dudas e inquietudes de como poder entender y manejar de manera adecuada, correcta y eficaz la Inteligencia Artificial.

En una manera sencilla y capaz de entender el significado de la Inteligencia Artificial con la utilización de términos comunes a las demás definiciones que se encuentran que se encuentra la existencia de mayore semejanzas donde la definición que se presenta a continuación no es muy diferente al que se le da a los múltiples y diversos avances que ocurren en el mundo y en especial al sector tecnológico.

"El cambio, transformación o manejo de la tecnología en diferentes áreas"

"Es transformación de la tecnología"

Existen diversos sectores que han presentado y tratado de explicar el significado de la Inteligencia Artificial, enfocándose en las diferencias y semejanzas que existe entre ellos, pero también siendo capaces de descubrir, resaltar y aceptar las contradicciones, conflictos, y posibilidad de generación de existencia de aumentar la necesidad de realizar investigaciones, análisis para poder completar los vacíos y dudas que se presentan y puedan presentar no solamente en el presente sino también en el futuro.

¿Existe diferencia entre el significado y la definición de inteligencia artificial? constituye una de las preguntas más comunes y frecuentes que se presentan, y cuya respuesta no solamente se refiere a quien presente la definición o significado de Inteligencia Artificial, sino también a lo es definición y lo que es significado, entendiéndose por significado como el concepto general, una idea amplia, mientras que la definición representa los detalles, la idea especifica, concreta y detallada de los que se busca conocer y/o entender, de allí que al referirse de lo que es el significado y definición, así como, a las explicaciones de lo que es la Inteligencia Artificial se puede observar la existencia de importantes diferencias estableciendo una clara e indiscutible diferencia entre el significado y la definición de Inteligencia Artificial entre la cual tienen como uno de sus marcadores diferencias existentes en los diversos tipo de inteligencia artificial al cual se haga referencia, siendo necesario tener en cuenta la existencia de diversos puntos de vista que se han transformado en torno a la Inteligencia Artificial.

El primer punto de vista dirigida por el ámbito científico y tecnológico, segundo, desde el criterio de los investigadores, tercero desde el criterio de los diccionarios y autores y cuarto desde el punto de vista del medio ambiente y legisladores o profesionales del derecho, tanto en el ámbito nacional como en el internacional, a lo cual se toman en cuenta diversos factores, y eventos que han producido importante impacto e influencia tanto en lo que se refiere a la inteligencia artificial como en cada uno los sectores y ámbitos.

Ámbito Científico y Tecnológico

Desde el ámbito científico y tecnológico es necesario hacer referencia a los diferentes elementos y factores que forman parte del ámbito científico y tecnológico presentan una perspectiva amplia, compleja, y en ocasiones técnica y restrictiva con relación al avance de los conocimientos científicos te tecnológicos creando y superando retos, demostrando las ilimitadas posibilidades y opciones que ofrece la tecnología y hasta donde es capaz de llegar sin detenerse, la Inteligencia Artificial es vista desde la perspectiva de composiciones, ecuaciones, elementos formulas, combinaciones, algoritmos, secuencias matemáticos, pruebas y ensayos, aspectos y visiones que no son manejados por todas las personas, profesionales y sectores de la misma manera.

Los ámbitos científico y tecnológico comparten una gran cantidad de similitudes que pueden producir el surgimiento de consideraciones y puntos de vistas que sostengan que en la relación existente en ellos ámbitos científico y tecnológico con la Inteligencia Artificial no existe diferencia, sino que por el contrario mantienen las mismas características, objetivos y direcciones, pero a pesar de los aspectos comunes que comparte tanto el ámbito científico como tecnológico es necesario no descartar ni desconocer la existencia y presencia de diferencias en todos los niveles, aspectos de desarrollo funcionamiento y capacidades que tiene la Inteligencia Artificial en ellos.

No se puede negar que tanto el ámbito científico como tecnológico está en constante movimiento, cambio y adaptación a las exigencias y transformaciones del mundo y la sociedad, generando diferentes situaciones que afectan de manera directa e indirecta en todos los sectores y actividades que se realizan en el presente al igual que los que han de realizar en el futuro.

Las características particulares y especiales del ámbito científico y tecnológico no solamente reflejan la importancia y necesidad de la existencia de la diferencia y regulaciones que permitan continuar avanzando y protegiéndose de situaciones que lo puedan llevar al retroceso, lentitud y posibles presentes y futuros efectos negativos. Al igual que en todos los sectores en el ámbitos científico y tecnológico existen diferentes grupos que están a favor, en contra y neutrales al uso de la Inteligencia Artificial en cada uno de estos ámbitos demostrando que no hay sectores o ámbito que se encuentre total y/o parcialmente aislados de la Inteligencia Artificial, cada uno de estos grupos defiende su posición presentando alegatos en la que buscan demostrar las bondades y beneficios o daños de la Inteligencia Artificial desestimando todo aspectos que vaya en contra de su posición.

- ✓ ¿Cómo es posible poder determinar y diferenciar los aspectos positivos y negativos que unen y/o alejan al ámbito científico y tecnológico de la Inteligencia Artificial?

Criterio de los Investigadores

Dentro de la comunidad de los investigadores existen una diversidad en lo que se refiere a la aceptación o no de la Inteligencia Artificial, encontrándose los que aceptan la Inteligencia Artificial hay diferentes consideraciones siendo uno de ellos los que lo consideran como una herramienta tecnológica capaz de aportar ayuda en la realización y obtención de información, mientras que otro grupo de investigadores ven a la Inteligencia Artificial como un complemento o una sustitución de las actividades y funciones que realizan por cuanto el nivel de conocimientos y aptitudes son diferentes y no se puede nivelar, y un tercer grupo de investigadores conformado por quienes consideran a la Inteligencia Artificial como un gran aliado capaz no solamente de ayudar en las investigaciones, pero también capaz de adquirir algunas de las cualidades y capacidades del Ser Humano.

Es difícil desligar la existencia de una relación que existe entre los investigadores y la Inteligencia Artificial bien sea esta de manera directa o indirectamente, haciéndose presente la reducción de las limitaciones y el no uso total o parcial de la Inteligencia Artificial con el área científica, así como, también educativo, profesional, autores e incluso quienes investigan acerca de la Inteligencia Artificial en la que se encuentran con diferentes situaciones y factores favorecen y descartan las posibilidades y utilidades de la Inteligencia Artificial en la investigación.

Criterio de los Diccionarios y Autores

Debido a la poca información y conocimiento que existe en relación a la Inteligencia Artificial se puede observar cómo las direcciones no representan una importante fuente de informaciones de la Inteligencia Artificial, presentándose en muchos casos nos ser capaz de proveer de manera completamente satisfactoria el resultado o esperado al momento de utilizar la Inteligencia Artificial para llegar a cabo una determinada consulta o actividad necesaria para el trabajo que se esté o vaya a realizar.

- ✓ ¿De qué manera es posible decir que existe relación entre los diccionarios, autores e Inteligencia Artificial?

Es la primera pregunta que surge al discutir, debatir sobre este tema generando a su vez múltiples puntos de vista, criterios y contradicciones, entre ellos. En el caso de los diccionarios se refiere a las informaciones que las personas, estudiantes, profesionales utilizan para obtener información general o especifica acerca de la Inteligencia Artificial, pero se enfrentan a un gran reto como lo es la velocidad con la cual los diccionarios actualiza su información, encontrándose ante la hecho de no encontrar la información que busca o que la misma se presenta de manera reducida, no clara, no tenga relación con lo que se busca o este incompleta, situación que se puede presentar de manera total o parcial. Otro aspecto que afecta a los diccionarios es la frecuencia o tiempo que demora en actualizar su información, generando una importante diferencia de tiempo que se evidencia con la velocidad con que se desenvuelve la tecnología y específicamente la Inteligencia Artificial.

En el caso de los autores la Inteligencia Artificial ha generado una situación en que la existencia de eventos y conflictos donde la Inteligencia Artificial no solamente puede ser capaz de proveer ayuda sino que también puede generar situaciones negativos en donde los trabajos realizados por los autores pueden verse afectados por hechos donde se atente los Derechos de Autor, pero por otro lado la Inteligencia Artificial genera nuevos y constantes retos donde la investigación, creación, rapidez, creatividad y seguimiento deben ir a la misma velocidad o incluso más rápido que la velocidad con la que avanza la Inteligencia Artificial para poder superar, reducir o eliminar los distintos tipos de efectos o impactos que es capaz de producir la Inteligencia Artificial.

Punto de vista Legal

En relación a las Leyes, resulta ser un punto que produce una gran cantidad y diversidad de conflictos entre la Inteligencia Artificial y la Leyes, por cuanto las Inteligencia Artificial se está desarrollando a gran velocidad generando cambios en todos los ámbitos y sectores de desarrollo, mientras que el principal objetivo de las Leyes es brindar la debida protección de los derechos de todos los seres vivos de acuerdo con las leyes nacionales e internacionales sin que exista ningún tipo de limitación para ello, a este respecto el primer conflicto se hace presente por la casi ninguna existencia de legislación y/o reglamento nacional e internacional que regule la Inteligencia Artificial.

Desde el punto de vista legal son muchas las afectaciones e impactos que se hacen presente que van desde una norma jurídica hasta Leyes nacionales e internacionales, convenios y tratados que pueden afectas en diferentes niveles y casos, por lo que es necesario evaluar y revisar las características especiales de las Leyes hacen que sea aún más complejo, difícil y delicado la participación e intervención de la Inteligencia Artificial es capaz de producir cambios de manera que se ve afectado siendo generador de situaciones y eventos contradictorios entre la misma Inteligencia

Artificial y entre la Inteligencia Artificial y las Leyes tanto a nivel nacional como internacional.

En la actualidad la existencia de Leyes y/o Reglamentos relativos a la Inteligencia Artificial no solamente es necesario, pero es indispensable y de carácter urgente debido a que la velocidad con sé que se está desarrollando e implementando la Inteligencia Artificial en el mundo está incrementando los vacíos legales y la imposibilidad de una correcta y adecuada defensa y protección por parte de los Seres Humanos.

Punto de vista del Medio Ambiente

El Medio Ambiente en su constante cambio genera protección a todos los seres vivos en el mundo también sufre cambios y daños que pueden afectar negativamente la vida de todos los seres vivos, incrementar los niveles de riesgo, así como, creando nuevos y diferentes eventos en diferentes lugares, incluso con distintos niveles a los que han sido registrados por los distintos organismos e instituciones que tienen por objetivo el seguimiento de las transformaciones y evolución del Medio Ambiente.

El surgimiento de nuevos retos y llevando esto al surgimiento de diversos puntos de vista en cuanto a la utilización de la Inteligencia Artificial en las distintas acciones referidas al Medio Ambiente, sin embargo, debido a la gran cantidad y diversidad de tipos de Inteligencia Artificial que existe surge la necesidad de identificar, determinar y evaluar cual es la Inteligencia Artificial que es capaz de brindar de manera más efectiva, eficaz y adecuada la ayuda que se requiere para la realización de las investigaciones, estudios, actividades y acciones concernientes a la protección del Medio Ambiente, lo cual puede resultar en un reto por lo que puede no encontrarse todas las necesidades cubiertas en un solo tipo de Inteligencia Artificial teniendo que recurrir al suso de varios tipos de Inteligencia Artificial o a la combinación de varios tipos de Inteligencia Artificial en uno solo.

En este aspecto la Inteligencia Artificial ha resultado ser generador de un mayor número de negativos efectos e impactos que de ventajas, beneficios y positivos resultados, produciendo un importante incremento en el daño al Medio Ambiente, quienes comparten este punto de vista sostienen que si bien los avances son importantes también deben estar a la medida y capacidad de proteger y no crear daños y aumentar el nivel de riesgo para el Medio Ambiente.

Definición

En la actualidad existen muchas definiciones que tratan de explicar el significado de Inteligencia Artificial, algunas de una manera más sencilla que otras, pero en la mayoría de ellas se encuentra el uso de términos o palabras técnicas o relacionadas con la tecnología, por ello que una manera sencilla en que se puede presentar y manejar el significado de la Inteligencia Artificial es:

"La Inteligencia Artificial es la transformación de la tecnología para su aplicabilidad en ciertos y determinados ámbitos"

Durante el proceso de investigación, búsqueda de la definición de la Inteligencia Artificial es posible encontrar gran cantidad y diversidad de definiciones, algunas de ellas con un lenguaje más técnico, que otros dirigiéndose a quienes tienen una relación directa a la tecnología y en especial a la Inteligencia Artificial, permitiendo que solamente los que se encuentran directamente vinculados puedan comprender y manejar estos términos, otras definiciones común lenguaje más amplio, sencillo y general capaz de llegar a un mayor número de personas incluyendo así a los que tienen un relación limitados y/o indirecta con la tecnología, y a los que no tiene ningún tipo de relación con la tecnología, siendo capaz de proveer la posibilidad de entender que es la Inteligencia Artificial y de qué manera (positiva y/o negativa) los afecta (directa y/o indirectamente).

Algunas de las diferencias que se pueden encontrar contienen elementos dirigidas a las actividades que realizan el ser humano, sistemas, diseño, algoritmos, ingeniería, análisis, imagines, voz, igualdad de capacidades, pero siempre manteniendo la perspectiva desde el lado positivo de la Inteligencia Artificial no dejando opción o posibilidad de presentar una definición que contengan o refleje el lado negativo de la Inteligencia Artificial.

> "Es una herramienta tecnológica para complementar a realización de algunas actividades realizados por los seres humanos"

"Es un campo de la informática que se enfoca en crear sistemas que puedan realizar tareas que normalmente requieren inteligencia humana"

"Combinación de algoritmos plateados con el propósito de crear maquinas"

"Rama de la ciencia informática que tienen como objetivo diseñar tecnología que emule la inteligencia humana"

"Campo técnico y científico dedicado al sistema de ingeniería que genera resultados como contenido, previsiones…"

"Es una tecnología que e permite generar, clasificar y realizar tareas como el análisis de imágenes y el reconocimiento de voz"

"Es la habilidad de una máquina de presentar las mismas capacidades que los seres humanos'

"Rama de la informática que desarrolla programas capaces de emular procesos propios de la inteligencia humana"

"Sistemas que imitan la inteligencia humana y mejora su rendimiento conforme recopilan datos"

Las definiciones presentadas contienen como principal similitud, la capacidad de proveer una mayor facilidad y generalidad en el lenguajes empleado, pero a su vez abren la capacidad de desarrollar nuevas definiciones particulares, distintos y se está dirigiendo dependiendo del tipo de Inteligencia Artificial pudiendo llevar a considerar no solamente características particulares e individuales, sino también los determinados usos y funciones de ese determinado tipo de Inteligencia Artificial al cual se hace referencia.

Evolución

A diferencia de lo que piensa un gran número de personas en la actualidad con respecto al nacimiento u origen de la Inteligencia Artificial donde se considera que la Inteligencia Artificiales de reciente data este tipo de tecnología cuenta con una larga trayectoria en la que diversos estudiosos se han dado la tarea de investigar, promover, difundir e incluso trabajar en la evolución y desarrollo de la Inteligencia Artificial aun cuando diferencia y capacidad por la que ha pasado la tecnología en el pasado y no contaba con los avances, capacidades y nivel de desarrollo que tiene en la actualidad.

Desde los primeros pasos, conocimiento y manejo de la Inteligencia Artificial su desarrollo y evolución ha estado marcado por eventos y situaciones que han influido y contribuido en la producción de retrasos y situaciones que de manera parcial y/o temporalmente han afectado la evolución y desarrollo de la Inteligencia Artificial, así como, por no contar con el apoyo y fuerza necesaria para llegar hasta donde ha logrado llegar en la actualidad, sin embargo, los eventos que marcaron de manera importante el retroceso y paralización del desarrollo de la Inteligencia Artificial, así como, los conflictos y contradicciones que produjeron una gran influencia están presentes en la actualidad siendo capaces de afectar negativamente la posible evolución de la Inteligencia Artificial en el presente y en el futuro.

Una de las particularidades en la evolución de la Inteligencia Artificial es que no se va a detener, por el contrario, continuará evolucionando y desarrollándose en el tiempo, así como, el surgimiento y/o transformación de los retos y dificultades que debe y deberá superar para poder lograr su objetivo, siendo necesario que para que la Inteligencia Artificial pueda continuar con su evolución y desarrollo evolucionando de manera eficaz, eficiente, y con éxito debe considerar su integración, adaptación a los distintos sectores, ámbitos, exigencias de la sociedad y el sector legal.

De manera general la Inteligencia Artificial tuvo su origen durante los años 1950, siendo en 1956 el año que marco con gran relevancia y en el cual comenzó su evolución, considerándose por primera vez a los "ROBOTS" haciéndose conocido y popular entre los diferentes sectores científicos e incluso en las películas de televisión y cine, más, sin embargo, eran muy restringido su acceso y conocimiento; dicha evolución se ha llevado a cabo en diferentes etapas, produciéndose en cada uno de los diferentes tipos de Inteligencia Artificial debido a que la evolución de cada uno de ellos se produce de manera diferente, a un distinto ritmo y superando distintos reto, siendo que no todos los diferentes tipos de Inteligencia Artificial han evolucionado de manera que puedan ser de acceso a todos los sectores y personas de igual manera, habiendo casos en los que se encuentran restringidos.

- ✓ ¿Por qué conocer la evolución de la Inteligencia Artificial es importante y diferente en la actualidad con relación al pasado?

La primera respuesta que se encuentra en este respecto es la fecha, sin embargo, a pesar de la fecha no siempre suele constituir el principal motivo de importancia de importancia y diferencia en la evolución de la Inteligencia Artificial está marcada no solamente por capacidad tecnológica, conocimientos, situaciones, eventos que lo han marcado sino también por su uso, integración y manejo con y por parte de la sociedad (quienes están involucrados directa e indirectamente con la Inteligencia Artificial) o cuentan con un nivel diferente de conocimiento y manejo de ella. Otro aspecto que es importante tomar en cuenta es su relación con el impacto que tuvo, tiene y tendrá en la sociedad y su desarrollo en el presente y futuro.

Figura 2. Años Importantes en la Evolución de la Inteligencia Artificial

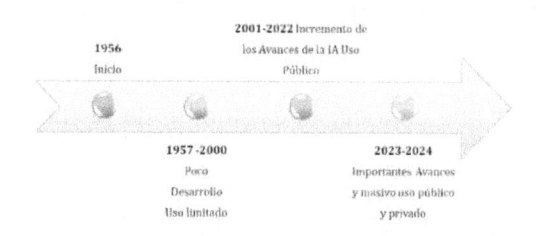

```
1956                2001-2022 Incremento de
Inicio              los Avances de la IA Uso
                    Público

      1957-2000              2023-2024
      Poco                   Importantes Avances
      Desarrollo             y masivo uso público
      Uso limitado           y privado
```

Fuente: Autora, 2024

La información referida a la evolución y origen de la inteligencia artificial ha sido muy dispersa y variante pasando por la importante influencia que ha producido, al igual que las discusiones generados cuando por primera vez se habló de la inteligencia artificial o Robots, su periodo de poco desarrollo y difusión, uso solamente en determinados sectores (gobierno y científico), retorno en el desarrollo de la inteligencia artificial y la masiva implementación, apertura y uso en todos los niveles y sectores (públicos y privados) sin distinción o restricción alguna; son muchos los eventos y fechas que rodean la evolución de la inteligencia artificial teniendo un gran impacto e influencia en el mundo y en la sociedad e iniciando eventos, situaciones y hechos que pueden y transformando de gran manera la evolución de la inteligencia artificial en el mundo y en la sociedad.

Los años considerados en la "Figura 2. Años Importantes en la Evolución de la Inteligencia Artificial" tuvo poco desarrollo y su acceso estuvo muy restringido, además de no contar con mayor conocimiento de la existencia, uso, funcionalidad e importancia de la Inteligencia Artificial, reservándose y haciéndose conocida en muchos casos por medio de películas de cine y/o televisión, lo cual tras varios años dicha restricción y limitación, así como el poco desarrollo fue cambiando hasta llegar al nivel que existe en la actualidad, tiempo durante el cual a pesar de los cambios, avances y transformaciones tecnológicas no haya cambiado sus fallas y debilidades en otras áreas, sino que por el contrario no solamente las ha mantenido sino que han incrementado en un nivel importante y peligroso a lo cual cabes las preguntas

- ✓ ¿De qué manera se puede contrarrestar las fallas y debilidades que tiene la inteligencia artificial?

✓ ¿Cuáles estrategias y/o mecanismos se pueden emplear para transformar el peligro que significa la Inteligencia Artificial en aliados, y beneficios para los Seres Humanos, y todos los diferentes sectores y ámbitos que se ven afectados?

A pesar de los distintos factores que puedan afectar la capacidad de la Inteligencia Artificial su evolución y desarrollo en el corto, mediano y largo plazo va a continuar, a lo cual es necesario tomar las medidas necesarias para asegurar que no se detenga y se convierta en un factor negativo que lo lleve al desuso, rechazo y olvido, por lo cual también depende de su capacidad de adaptarse y trabajar de manera conjunta, no solamente con las necesidades de la sociedad, pero también con las exigencias y los derechos de la sociedad y de todos los seres vivos.

Seres Humanos

El Ser Humano es un aspecto de estudio amplio, complejos, con grandes y distintos niveles de retos y desafíos siendo que con cada momento que transcurre el ser humano también cambia, y evoluciona de manera natural y provocada como consecuencia de las acciones y actividades que el propio ser humano ha realizado y desarrollado a través del tiempo.

Entre las múltiples definiciones del Ser Humano se pueden encontrar que no importa a cuál autor, investigador, y/o profesional del área se acuda siempre se va a hacer referencia al origen del hombre hasta llegar al Homo Sapiens, este último proveniente del término en latín y cuyo significado es "Hombre Sabio" utilizado para establecer la diferencia entre el Ser Humano y los animales.

Desde el origen del Ser Humano, este a sufrido múltiples evoluciones hasta llegar a la evolución conocida en la actualidad, algunas de las evoluciones por las que ha pasada el Ser Humano son Ardipithecus, Austraipithecusanamensis, Austraiocithecus Afarensis, Homo Habilis, Homo Ergaster, Homo Erectus, Homo Antecessor, Homo Heidelbergensis, Homo Rhodesiensis, Homo Neanderthaleusis y Homo Sapiens los cuales cada uno de ellos ha contado y cuenta con mayores y/o menores diferencias y semejanzas, pero también con conocimientos y habilidades que han pasado en todos y cada una uno de la evoluciones.

Mas allá de las definiciones, análisis, investigaciones científicas, biológicas y/o químicas que se realizan para poder entender y explicar que es el Ser Humano esta la capacidad de desenvolvimiento y conexión tanto con el medio que lo rodea como con el medio Ambiente, los estudios que son realizados solamente son capaces de abarcar algunos aspectos mas no todos siendo que hay mucho que se desconoce y no se entiende del ser Humano y los cuales no son capaces de transferirse a otro Ser Humano y menos aún a la inteligencia Artificial.

Si bien, el Ser Humano se ha desarrollado, evolucionado y transformado en muchos aspectos desde un punto de vista positivo, también lo ha hecho desde el punto de vista negativo viéndose incrementado las limitaciones, retos, e incluso deformaciones del Ser Humano, demostrando que el Ser Humano no es perfecto, por el contrario el Ser Humano tiene tantas imperfecciones como perfecciones, incluso existen teorías que sostienen que el Ser Humano tiene más imperfecciones que perfecciones lo cual lo hace interesante y único.

Determinar y detallar cuales y cuantas son las perfecciones y las imperfecciones que tiene cada uno de los Seres Humanos es una labor que en muchos casos es considerada como imposible, pero si es posible identificar algunas de ellas desde el punto de vista biológico, físico y químico limitando a ellos la capacidad de entendimiento del Ser Humano.

En el campo del punto de vista psicológico y/o psiquiátrico se puede decir que a pesar de los múltiples estudios realizados el Ser Humano sigue siendo de gran complejidad y dificultad, por cuanto cuando se desarrollan diversas teorías para entender y determinar las actuaciones, respuestas no siempre se cumplen las mismas condiciones, elementos en los Seres Humanos que son considerados están bajo la misma condición y/o diagnóstico.

- ✓ ¿Qué factores ha determinado la evolución y desarrollo del Ser Humano?

Si se revisa y evalúa la evolución del Ser Humano desde sus orígenes hasta la actualidad no es posible establecer un número determinado o especifico de factores que forman parte o han influido en el pasado, presente y futuro el desarrollo del Ser Humano y como han de manejar los conocimientos adquiridos para continuar avanzando en su evolución.

Cuadro 1. Evolución del Ser Humano

Evolución del Ser Humano	Descripción
Ardipithecus	La principal que se puede mencionar con relación a esta primera clasificación de Ser Humano se hace presente en el tamaño de los brazos, piernas y cerebro.
Austraipithecusanamensis	La diferencia está presente en el tamaño corporal y los dientes caninos del hombre y la mujer.
Austraiocithecus Afarensis	El cráneo tenía un cerebro relativamente pequeño, arcos superciliares

	pronunciados, mandíbula sobresaliente, y dientes caninos grandes.
Homo Habilis	Se destaca por el desarrollo de las herramientas de piedra.
Homo Ergaster	Se comienza a manifestar importantes diferencias en los tamaños de los dientes (siendo estos muy semejantes a los Seres Humanos modernos), tenía un esqueleto post craneal preparado para un bipedismo completo, una altura alta, huesos craneales delgados y crestas supraorbitarias suavizadas.
Homo Erectus	Mantiene el cráneo y la mandíbula aun en estado primitivo, tenía una pelvis moderada y su andar era

	erguido. A pesar de su parecido con el Homo Ergaster este tiene una mayor capacidad craneal.
Homo Antecessor	Mayor altura y cerebro pequeño.
Homo Heidelbergensis	Cráneo de gran tamaño, mandíbulas salientes, mayor apertura nasal, pero además de las características físicas comienza a demonstrar la utilización de habilidades en lenguaje como es el caso del lenguaje simbólico.
Homo Rhodesiensis	Logra desarrollar y mantener similitudes con el Homo Erectus, Homo Ergaster y Ancessor.
Homo Neanderthaleusis	Constitucions fornidas y bajas, en el rostro se puede observar una ligera proyección de la barbilla, y

	la frente retrocedía, los arcos supracialiares eran pronunciados y las mandíbulas pesadas, además de ello se puede ver como los cerebros y dientes frontales eran más grandes.
Homo Sapiens	Conocido como el Ser Humano actual el cual cuenta con un alto grado de diferencias y deformaciones que en muchos casos son comparados y considerados iguales o semejantes a las de las anteriores evoluciones del Ser Humano.

Fuente: Autora, 2024

En el "Cuadro 1. Evolución del Ser Humano" se observa no solamente la diversas evoluciones por las que ha pasado el Ser Humano y los cambios físicos, sino que también se observa como en cada evolución el Ser Humano ha desarrollado, adquirido, mantenido y mejora las habilidades, capacidades que ha tenido desde su origen, pudiéndose traspasar los conocimientos y experiencias hasta lograr el nivel de desarrollo que tiene en la actualidad el Ser Humano uniendo, convirtiendo, avanzando y transformando todo evoluciones por las que ha pasado en uno para continuar su proceso de evolución y desarrollo, con positivos y negativos impactos, pero que lamentablemente a su vez en muchos casos no ha logrado establecer causas, orígenes y soluciones a muchas de las acciones, eventos e incluso deformaciones y deficiencias que ha traído consigo el ser Humano a lo largo del tiempo.

El Ser Humano ha dejado en evidencia ser complejo, en constante cambio, transformación y desarrollo, pero a su vez con imperfecciones físicas, químicas, biológicas, al igual que en cuanto a capacidades, habilidades, emocionales, y de desarrollo demostrando que con la evolución del Ser Humano desde el Ardipithecus hasta el Homo Sapiens (El Ser Humano tal como es conocido en la actualidad).
La evolución que ha llevado al Ser Humano a adquirir y mejorar los conocimientos y habilidades obtenidos a través del tiempo, permitiéndole sobrevivir a los distintos eventos, situaciones y cabios del mundo y la sociedad, creando hoy

en día nuevos avances que producen positivos y negativos resultados para la sobrevivencia de toda la vida en el mundo.

Otra definición del Ser Humano es la que se refiere a él como la condición "de ser" haciendo distinción a la diferencia que existe entre el Ser Humano y el resto de los animales tanto en su condición física como biológica. Desde el punto de vista de la biología el Ser Humano es definido como uno de varias especies del género Homo, animales que aparecieron como consecuencia d un largo proceso evolutivo cuya distinción más destacada del Ser Humano suele ser presentado cuando frecuentemente se dice "No hay dos cerebros idénticos" o " No hay dos personas iguales", diferencias que hacen presentes en la conducta, así como, en la memoria, imaginaciones, habilidades creativas, inteligencia, conciencia o en la habilidad de evaluar las distintas acciones que se realizan en el presente o a de realizar en el futuro, a lo cual se presenta la pregunta ¿Si todos los Seres Humanos son diferentes que ocurre en el caso de los gemelos? La respuesta a esta pregunta, es si, también se aplica en el caso de los gemelos, la existencia de diferencias existe y se hacen presentes a pesar de la indiscutible igualdad y semejanza que existe desde el punto de vista físico y biológico, manteniendo y sosteniendo la regla de que cada Ser Humano es diferente, único y especial en todos y cada una de las perspectivas que existen y se pueden mencionar.

Características del Ser Humano

Sin importar se revise, analice informaciones y estudios realizados pro autores, psicólogos, investigadores, médicos y/o profesionales en el área se va a encontrar una gran cantidad y diversos números de características que busca describir al ser humano en diferentes actividades, situaciones y ámbitos tanto profesionales como personales, algunas de las características son presentadas con mayor frecuencia y consideración, otras son reservadas para el ámbito médico y donde las actuaciones conlleva a actividades de índole no legales.

Las características que posee el Ser Humano y que ha sido presentado por autores, psicólogo, investigadores contienen diferentes puntos de vista, pero siempre manteniendo como uno de los principales puntos en común la manera en cómo se maneja y adapta a las diferentes situaciones, hechos y ámbitos ante los cuales se encuentran y han de encontrar, sin diferenciar el nivel o magnitud de dichos eventos y/o situaciones. estableciendo aún más limitaciones y diferencias entre el Ser Humano y las creaciones, desarrollos que son creados por el Ser Humano, dichas características se presentan en diferentes niveles y grados en cada uno de los Seres Humanos

- ✓ ¿Es posible transferir esas características a la inteligencia Artificial?

Muchas y variadas las características que posee el Ser Humano, las cuales incrementan, cambian y se adaptan de acuerdo a su ámbito y tiempo, pero también a las situaciones y eventos a los cuales se enfrenta tanto en lo personal, profesional y social sin que ello represente que todos los Seres Humanos reaccionen de la misma manera y sufriendo los mismos efectos aun cuando se refiera a la misma causa, situación o evento que origino la respuesta, sin que se pueda descartar la producciones de los mismos efectos pero en diferentes niveles, o bien, de diferentes efectos en los mismos niveles o niveles con mínimas variaciones.

Cuadro 2. Características del Ser Humano

Características del Ser Humano			
Determinación	Confianza	Justicia	Tranquilidad
Concentración	Integridad	Sentido de Humor	Respeto
Visión	Empatía	Pragmatismo	Amabilidad
Curiosidad	Talento	Alegría	Resolución
Creatividad	Sinceridad	Carisma	Aventura
Otras Características			
Capacidad de razonamiento y conciencia			
Sociabilidad			
Comunicación mediante diferentes formas de lenguaje			

Fuente: Autora, 2024

✓ ¿Por qué revisar que es el Ser Humano?

- ✓ ¿Por qué es importante conocer algunos de los aspectos básicos del Ser Humano?

- ✓ ¿Qué relación tiene el conocer algunos de los aspectos básicos del Ser Humano (definición, evolución y características) con la Inteligencia Artificial?

Sin duda, son preguntas validas, capaces de generar muchas otras preguntas, dudas, e inquietudes pero que así como, no es posible negar la validez de las preguntas tampoco es posible negar la estrecha relación e interdependencia que existe entre el Ser Humano y la Inteligencia Artificial, siendo que la capacidad de avance y existencia de la Inteligencia depende de la existencia y capacidad del Ser Humano. Así como, el Ser Humano ha evolucionado, desarrollado habilidades, capacidades, obtenido conocimientos y ha sido capaz de llevar a la práctica esos conocimientos es que se ha logrado crear, desarrollar y transformar la vida a lo que hoy se conoce y a lo que se podrá o no continuar realizando en el futuro, aun cuando existe a diferencia entre el nivel de capacidad de desarrollo y acceso que hay en la actualidad entre los diferentes países y población del mundo.

Entender y conocer en rasgo general al Ser Humano es entender y conocer el presente y futuro de la Inteligencia Artificial, así como, las limitaciones, semejanzas, diferencias que existe y han de existir entre el Ser Humano y la Inteligencia Artificial, no se quiere decir que es necesario tener o adquirir estudios y/o conocimientos avanzados o profundos (científicos, antropológicos, arqueológicos, médicos, forense) o convertirse en investigadores extremos del tema (Ser Humano), para conocer, entender y manejar la diferencia entre el Ser Humano y la Inteligencia Artificial, pero si se requiere tener un nivel básico de conocimiento por cuanto uno de los objetivos de la Inteligencia Artificial es que ella pueda tener el mayor nivel de semejanza al Ser Humanos y poder realizar actividades, funciones, al igual que un alto nivel de manejo de conocimientos que tiene el Ser Humano.

Medio Ambiente

El Medio Ambiente constituye y siempre ha constituido uno de los sectores de interés donde interrogantes, inquietudes, misterio son parte constante e indivisible, lo cual ha sido capaz de mantener y aumentar la necesidad de conocerlo y entenderlo, generando así gran cantidad de estudios e investigaciones que además de entenderlo intentan crear e implementar estrategias y mecanismos adecuados para protegerlo.

Algunos sectores han separado al Medio Ambiente de todos los demás ámbitos como es el caso de quienes consideran al medio Ambiente como un organismo que solamente es capaz de formar parte de un específico y determinado campo en el que el ser humano se encuentre y donde entran a formar parte los órganos sensoriales.

El Medio Ambiente es la principal fuente de vida y supervivencia de todos los seres vivos en el mundo, además de ser el mayor y más importante proveedor de energía, la dependencia de los seres humanos hacia el Medio Ambiente es indiscutible, pero a la vez olvidado por la necesidad desmedida y sin control de avance, dominio afectando y dañando al medio Ambiente, así como, reduciendo las posibilidades de supervivencia e incrementando los niveles de riesgo y efectos negativos producidos por el aumento en su impacto en el cambio climático.

Diversas son las posiciones que se existen entre el Medio Ambiente con los diferentes sectores, ámbitos y actividades de la vida, así como, el sufrimiento de consecuencias que sufre como consecuencia del avance, desarrollo y cumplimiento de las exigencias de la sociedad, el surgimiento de preguntas, conflictos y contradicciones han originado el retroceso, retardo y temor en discutir y tomar las necesarias y correspondientes acciones para la protección del Medio Ambiente, a ello no es posible descartar y dejar de hacer referencia al daño que causa la Inteligencia Artificial al Medio Ambiente, aspecto que no ha sido presentado, ni planteado por ningún sector.

El Medio Ambiente puede ser entendida de una manera sencilla con la utilización de una sola palabra "VIDA" palabra que abarca todos los contextos, conceptos, puntos de vista, posiciones, respuesta a interrogante, dudas, investigaciones con respecto al Medio Ambiente su cambio, transformación, evolución, supervivencia e incluso los misterios y enigmas que el Medio Ambiente posee y que el ser humano desconoce. La vida en todas sus etapas desde el origen esta directa, estrictamente e indivisiblemente unida al Medio Ambiente creando y aumentando en muchos sectores y grupos la inquietud y necesidad de investigar y conocer tanto el Medio Ambiente como su impacto y relación con el ser Humano, evolución de la vida de todo ser viviente en el mundo y la Inteligencia Artificial.

- ✓ ¿Cuál es el verdadero significado e influencia que produce la Inteligencia Artificial en el medio ambiente?

La respuesta a esta pregunta se presenta contradictoria y capaz de generar aún más interrogantes e inquietudes a los ojos de las múltiples ventajas y beneficios con que se ha promocionado y presentado la Inteligencia Artificial

El desarrollo y creación de la inteligencia artificial se ha mostrado estar en el lado contrario de la protección del medio ambiente aun cuando ello resulta contradictorio a los beneficios y bondades con que se ha promocionado en ayuda y protección del medio ambiente sin que ello signifique un incremento en los danos y riesgos de ha de sufrir el medio ambiente, y en el incremento en la lucha del medio ambiente para su supervivencia.

Definición

A lo largo del tiempo y hasta el presente sen han conocido y conocen gran cantidad de definiciones que han sido desarrolladas utilizando diversas estrategias, métodos, lenguajes, niveles de preparación y conocimientos para explicar el Medio Ambientes, definiciones que también han sido adoptadas seguir el área que presente la definición a lo cual se puede mencionar como ejemplo, biológico y antropológico; sociología, e investigación. En el caso del punto de vista biológico y antropológicos presentado refiriéndose al aspecto interno y externo del ser humano limitándose de esta manera al aspecto individual de cada persona, así como, su percepción, capacidad, salud física; el Medio Ambiente presentado por la sociología tienen como principal objetivo el desarrollo social de la persona, pero al igual que desde el punto de vista biológico y antropológico lo hace de manera individual, sin tomar en cuenta ningún otro aspecto ahora bien, en el caso del biólogo Veküll presenta una diferencia en cuanto a cómo entender el Medio Ambiente, el cual se presenta refiriéndose a los animales y no al ser humano haciendo referencia a la diferente percepción que tiene los animales de los seres humanos, del medio Ambiente pero no escapa de ser individual y separado, pero hay otro grupo o área que también presenta su definición del medio Ambiente manteniendo su postura individual

Otra importante y poco desarrollada definición del medio Ambiente es la que se refiere a ella como fuente de vida y protección de todos los seres vivos en el mundo, que no es individual, sino que es amplio, complejo y es compartido, v que al sufrir un negativo impacto este es transmitido y sufrido de igual manera por todos los seres vivos sin excepción.

Ámbito

Debido a sus características y particularidades especiales, individuales del Medio Ambiente no es posible decir que el Medio Ambiente forma o no parte de algún ámbito o sector en específico, por el contrario, el Medio Ambiente está presente y forma parte de todos los ámbitos y/o sectores de la sociedad, del mundo tanto en el pasado, presente y futuro, y cuyos efectos se reflejan en la capacidad y posibilidad de la sociedad de continuar avanzando y desarrollándose.

No es posible clasificar de mayor o menor impacto los efectos o consecuencias que sufre el Medio Ambiente por las actividades, acciones y omisiones del ser humano, así como, clasificar según el ámbito al que se refiera, siendo que todas las acciones, actividades, omisiones sin importar el ámbito y/o sector producen consecuencias en el Medio Ambiente.

El Medio Ambiente se encuentra presente en los negocios, comercio, transporte, globalización, industrias, educación, investigación, tecnología, leyes, área científica, salud, ámbito profesional, personal y actividades sociales, sin embargo, lamentablemente en la actualidad es posible apreciar la separación que existe entre esas múltiples y diversas actividades del ser humanos y el Medio Ambiente.

En los diferentes grupos e incluso activistas relacionados con el Medio Ambiente existen distintas posiciones, consideraciones e incluso contradicciones y conflictos dentro de los mismos grupos o entre ellos, dando origen a situaciones que producen como consecuencia el retroceso, detención, desviación de los objetivos de dichos grupos y/o activistas, uno de los ámbitos que tienen un alto nivel de confrontación y contradicción con el Medio Ambiente es la tecnología pudiéndose mencionar la Inteligencia Artificial el cual representa el desarrollo tecnológico que ha creado y está creando importante situaciones negativas para el Media Ambiente sin que se pueda negar que cuenta con positivos resultados en otras áreas siendo ello limitado.

Leyes

Cuando se refiere a la Inteligencia Artificial se procede a establecer una relación con cambios, facilidad, ayuda, avance e incluso en una gran diversidad de ventajas y beneficios que ella como uno de los avances tecnológicos es capaz de producir, pero no se piensa o considera el impacto que genera en el ámbito legal y en los Derechos tanto de los seres humanos como de todos los seres vivos en el mundo, aumentando las diferencias, problemas, distancia y debilidades que existen en las Leyes nacionales e internacionales para poder proveer la debida protección de toso los Derechos de manera equitativa, igual, eficaz, y eficiente sin importar donde se encuentren.

La manera en cómo se ha desarrollado, difundido y puesto en uso la Inteligencia Artificial ha creado un importante conflicto con las Leyes, que muy poco han sido tomado en consideración, y aunque se ha visto un este aspecto con la aprobación del Reglamento de Inteligencia Artificial de la Unión Europea, sin embargo, todavía es mucha la diferencia que existe entre las Leyes y la Inteligencia Artificial para que ambos puedan coexistir de manera en que se logre obtener los resultados deseados y suministrar la correcta y adecuada protección para todos.

No es posible decir que existe alguna Ley que no esté directa relacionada y se vea afectada por la Inteligencia Artificial, tampoco se pude decir no hay ninguna Ley que no deba contemplar dentro de su cuerpo normativo la Inteligencia Artificial aun cuando exista una Ley o Reglamento de Inteligencia Artificial, la misma debe existir tanto a nivel de las Leyes nacionales (internas de cada país), unión (es el caso de países como la Unión Europea o Emiratos Árabes Unidos) y a nivel internacional que sea posible descartar alguno de ellos.

Se debe garantizar que todos los países, organismos nacionales e internacionales, y las instituciones además de contar con las respectivas Leyes debe supervisar y asegurar su cumplimiento, así como, el proveer los mecanismos y estrategias adecuadas para ello, siendo que la sola existencia de la Ley o Reglamento de Inteligencia Artificial no es capaz de cumplir con sus objetivos y protección de las garantías requeridas, exigidas y necesarias, la cual solamente se podrá lograr con profesionales del área legal que tengan además conocimientos básicos de Inteligencia Artificial, la existencias de Corte de Justicia integrados por jueces y funcionarios con conocimientos, experiencia del ámbito legal y judicial, pero que además han de contar con un nivel de capacidad de manejo de la Inteligencia Artificial, contar con un procedimiento judicial (contencioso y no contencioso) que sea capaz de resolver los conflictos existentes y posibles conflictos en esta materia.

Si bien, es cierto que la Inteligencia Artificial tienen una larga trayectoria que viene desde los años 1950 y ha sido objeto de diversos eventos que han afectado su capacidad de desarrollo y evolución no es posible negar que la existencia de las Leyes en el mundo tiene aún una más larga existencia y mayor antigüedad sufriendo transformaciones, evolucionando con la sociedad y exigencias del mundo, pero en ocasiones de manera y a velocidad desigual lo que ha llevado a la existencia de diversos conflictos legales, pudiéndose presentar como ejemplo el caso de hoy con la existencia del conflicto que existe con la Inteligencia Artificial.

La gran mayoría de Leyes de gran importancia para la supervivencia y desarrollo han sido aprobadas y entrado en vigencia después de la primera mención y presentación de existencia de la Inteligencia Artificial en el año 1950, lo cual demuestra que para la fecha aún no se tomaba en cuenta y/o consideraba los importantes impactos negativos y/o positivos y conflictos que la Inteligencia Artificial sería capaz de generar y produciría en corto, mediano y largo plazo en todos los ámbitos y sectores, sin que ello signifique una diferencia o preferencia en el impacto que la Inteligencia Artificial produce en las leyes. En este sentido, se puede mencionar el impacto de la Inteligencia Artificial en las Leyes tanto nacional como internacional como es el caso de:

a.- La Declaración de Estocolmo y la Declaración de Rio, que contemplan la protección del medio Ambiente, la importancia de la protección del Medio Ambiente de toda acción y daño que se le pueda causar como consecuencia de las acciones y/o omisiones del ser humano, el cual a sido considerado como el mayor causante de un incremento de los niveles de riesgo y dramáticos cambios en el Clima y Medio Ambiente a nivel global, en el caso de la Declaración de Estocolmo y la Declaración de Rio la contradicción y conflicto con la Inteligencia Artificial está presente desde sus principios y cuerpo normativo.

La Declaración de Estocolmo, entro en vigencia en el año 1972, presentando dos aspectos que afectan el Medio Ambiente; el primer aspecto referido a las omisiones del ser humano al dejar de toma en cuentas sus responsabilidades, cumplimiento de las acciones necesarias los cuales han influido en las consecuencias negativas y manera en cómo sus acciones/omisiones afectan al Medio Ambiente y a los recursos naturales, el segundo aspecto dirigido a las acciones del hombre lo cual influye el desarrollo y creciente necesidad de avanzar, desarrollando y transformando los distintos sectores, generando contradicciones por cuanto el desarrollo y avance genera daños, los cuales en muchas casos pueden ser irreversibles para el Medio Ambiente y toda la vida en el mundo.

En el caso de la Declaración de Rio se puede observar cómo tienen entre sus principales objetivos el lograr que lleve a cabo un correcto trabajo, imposición y distribución de responsabilidad equitativa, lograr desarrollar, mejorar y avanzar en la cooperación nacional, Internacional y/o global en materia de protección del ecosistema de la Tierra, así como, la protección del Medio Ambiente, los Recursos Naturales incluyendo los lugares y países que están pasando pro situación de conflicto de algún tipo, estableciendo que esos países y/o territorios por encontrarse en conflicto son donde el Medio Ambiente y Recursos Naturales más daño sufre, necesitando una mayor cooperación y esfuerzo por parte de todos para poder lograr su recuperación y protección en un inmediato, corto y mediano plazo.

b.- La Ley de Trabajo y/o Empleo, es una de las leyes que más conflicto tiene con la Inteligencia Artificial, por cuanto afecta directa e indirectamente la capacidad de desarrollo del ser Humano tanto de manera individual como colectivo, a nivel global, en la cual se ha visto muchos casos en que el Ser Humano ha sido sustituido por la implementación y uso de la Inteligencia Artificial aumentando los desafíos y desigualdades en cuanto se refiere al empleo y/o trabajo, creando también un incremento en la capacidad de defensa y protección laboral debido a que en la actualidad la mayoría de las Leyes en este materia no cuentan con las normas jurídicas que ofrezcan protección, obligaciones, responsabilidades, limitaciones y sanciones del Ser Humano en cuanto a la implementación de la Inteligencia Artificial en puestos laborales y realización de diferentes tipos de trabajaos que lleva a cabo el ser Humano no permitiendo que exista un nivel de igualdad, sino por el contrario mostrándose desigual e incrementando la preferencia hacia la Inteligencia Artificial sustituyendo de manera parcial y/o total la capacidad, calificación, experiencia que tiene el Ser Humano.

A pesar de los importantes avances que ha tenido las leyes de trabajo y/o empleo nacionales e internacionales en la actualidad se debe enfrentar a dos importantes retos para lo cual no se ha preparado y no ha sido capaz de adaptarse a los cambios y exigencias establecidas por los trabajos remotos y la Inteligencia Artificial siendo este último el que más conflictos ha producido en el presente y a de continuar generando en el futuro.

Si las Leyes de Trabajo y/o Empleo no realizan las reformas necesarias para garantizar y proteger los Derechos de todas las partes (empleadores y empleados), tanto los que están involucrados y afectados tanto directa como indirectamente se producirán importantes consecuencias a nivel global donde el retroceso no podrá detenerse y evitarse, muestra de la importancia que tiene el lograr un punto común de acuerdo entre la Ley de Trabajo y/o Empleo y la Inteligencia Artificial, ejemplo de la importancia de la Ley de Trabajo y/o empleo y su impacto se puede observar en el preámbulo Convenio sobre la política del empleo de 1964 cuando dice:

"…Considerando que la Declaración de Filadelfia reconoce la obligación solemne de la Organización Internacional del Trabajo de fomentar, entre todas las naciones del mundo, programas que permitan lograr el pleno empleo y la elevación del nivel de vida, y que en el preámbulo de la Constitución de la Organización Internacional del Trabajo se dispone la lucha contra el desempleo y la garantía de un salario vital adecuado;

Considerando, además, que de acuerdo con la Declaración de Filadelfia incumbe a la Organización Internacional del Trabajo examinar y considerar los efectos de las políticas económicas y financieras sobre la política del empleo, teniendo en cuenta el objetivo fundamental de que todos los seres humanos, sin distinción de raza, credo o sexo, tienen derecho a perseguir su bienestar material y su desarrollo espiritual en condiciones de libertad y dignidad, de seguridad económica y en igualdad de oportunidades;

Considerando que la Declaración Universal de Derechos Humanos dispone que toda persona tiene derecho al trabajo, a la libre elección de su trabajo, a condiciones equitativas y satisfactorias de trabajo y a la protección contra el desempleo..."

c.- La Ley de Derecho de Autor, es la encargada de proteger las obras que existen en el mundo sin hace distinción de la obra a la cual se haga referencia (publicaciones escritas, musicales, artísticas, arquitectura, películas (en sus diferentes modalidades), artes gráficas, e investigaciones) lo cual se ha logrado obtener un cierto nivel de protección con las licencias creative commons (cc) las cuales tienen diferentes tipos de posibilidades para su uso sin que la autoría se vea afectada negativamente, pero al igual que todas las demás leyes, la Ley de Derecho de Autor solamente contempla situaciones que se refiere a obligaciones, responsabilidades y sanciones a seres humanos, generándose un vacío en cuanto se refiere a la utilización de la Inteligencia Artificial.

La utilización de la Inteligencia Artificial ha incrementado y dado nacimiento a nuevas situaciones en que la autoría se ve afectado negativamente, siendo en muchos casos resulta difícil y/o imposible de demostrar o de solicitar la imposición de responsabilidades y sanciones a dichas situaciones produciendo perdidas tanto de las obras, autorías, económicas e incluso una importante reducción en la existencia y surgimiento de obras en todos los sectores y niveles.

Las Leyes de Derecho de Autor en la actualidad tiene como uno de los principales retos la Inteligencia Artificial y aun cuando recientemente ha sido aprobado el Reglamento de

Inteligencia Artificial aprobado por la Unión Europea no se contempla de manera clara como ha de proteger y funcionar en el caso de las autorías cuya situación se hace compleja debido a los diferentes tipos de Inteligencia artificial y la manera en cómo ha sido difundida para su utilización en todo tipo de actividades sin distinción y/o limitaciones.

d.- naciones Unidas y el Nuevo orden, representa a un organismo Internacional cuyo objeto y principio desde sus inicios ha sido demostrada y observada con la incorporación de la gran mayoría de los países del mundo en sus diferentes, comisiones, direcciones, e instituciones y cuyas Leyes han mantenido la misma dirección que las Leyes nacionales e internacionales, y que a su vez enfrenta la misma debilidad y problema que se refiere a como proteger la vida y desarrollo de manera efectiva y eficaz el cual no es otra más que la no preparación y prevención a la situación y cambios generados con la Inteligencia Artificial. Ejemplo, de la importancia y el trabajo que ha desempeñado las Naciones Unidas se puede observar en sus principios, algunos de los cuales son mencionados a continuación

Naciones Unidas y el Nuevo Orden

Principios Fundamentales:
Capítulo XI Conservación de la Naturaleza
Declaración de la Conferencia de las Naciones Unidas sobre el Medio Ambiente, Estocolmo 6-16 de Junio de 1972 (Declaración de Estocolmo)

"Proclama que:

"...1. El hombre es a la vez obra y artificie del medio ambiente que lo rodea, el cual le da el sustento material y le brinda la oportunidad de desarrollarse intelectual, moral social y espiritualmente..."

Principio 2

"...Los recursos naturales de la tierra, incluidos, el aire, el agua, la tierra, la flora y la fauna y especialmente muestras representativas de los ecosistemas naturales, deben preservarse en beneficio de las generaciones presentes y futuras mediante una cuidadosa planificación y ordenación, según convenga..."

Principio 4

"...El hombre tienen la responsabilidad especial de preservar y administrar juiciosamente el patrimonio de la flora y la fauna silvestre y su hábitat, que se encuentren actualmente en grave peligro por una combinación de factores adversos.

En consecuencia, al planificar el desarrollo económico debe atribuirse importancia a la conservación de la naturaleza, incluidas la flora y fauna silvestre..."

Declaración de la Conferencia de Naciones Unidas sobre el Medio Ambiente y el Desarrollo, Río de Janeiro 3-14 de Junio de 1992 (Declaración de Río)

Principio 3

"...El derecho al desarrollo debe ejercerse en forma tal que responda equitativamente a las necesidades y desarrollo y ambientales de las generaciones presentes y futuras..."

Principio 7

"...Los Estados deberán cooperar con espíritu de solidaridad mundial para conservar, proteger y restablecer la salud y la integridad del ecosistema de la Tierra. En vista de que han contribuido en distinta medida a la degradación del medio ambiente mundial, los estados tienen responsabilidades comunes pero diferenciadas. Los países desarrollados reconocen la responsabilidad que les cabe en la búsqueda internacional del desarrollo sostenible, en vista de las presiones que sus sociedades ejercen en el medio ambiente mundial y las tecnologías y los recursos financieros de que disponen..."

Principio 23

"...Deben protegerse el medio ambiente y los recursos naturales de los pueblos sometidos a opresión, dominación y ocupación..."

Derechos Humanos

Los Derechos Humanos surgieron ante la inexistencia de una ley que delimite ante la acción abusiva realizada por parte de algunos nobles, mandamases, ante el descontento existente por parte de varios esclavos o grupos sociales estos se sublevaron para que exista igualdad en el trato de las personas. Después de varios intentos por cientos de años, en 1215 se realizó la primera aproximación a los que actualmente se conoce como la Declaración de los Derechos del Hombre que fue la Carta Magna de Inglaterra basada en la naturaleza del hombre, la cual proponía la igualdad en el trato y castigos justos para todas las personas que cometiesen delitos. En pocas palabras lo que los Derechos Humanos buscan es demostrar que están basados en la naturaleza del hombre, su dignidad y buscan una mejora de la sociedad, para lograr un mejor entendimiento de la evolución de los Derechos Humanos hay que hacerlo tomando las tres generaciones por las cuales ha transcurrido de la siguiente manera:

La Primera Generación: Se refiere a los derechos civiles y políticos, también denominados "libertades clásicas". Fueron los primeros que exigió y formuló el pueblo en la Asamblea Nacional durante la Revolución francesa. Este primer grupo lo constituyen los reclamos que motivaron los principales movimientos revolucionarios en diversas partes del mundo a finales del siglo XVIII. Como resultado de esas luchas, esas exigencias fueron consagradas como auténticos derechos y difundidos internacionalmente, entre los cuales figuran:

- ✓ Toda persona tiene derecho y libertades fundamentales sin distinción de raza, color, idioma, posición social o económica.
- ✓ Todo individuo tiene derecho a la vida, a la libertad y la seguridad jurídica.
- ✓ Los hombres y las mujeres poseen iguales derechos.
- ✓ Nadie estará sometido a esclavitud o servidumbre.
- ✓ Nadie será sometido a torturas ni a penas o tratos crueles, inhumanos o degradantes, ni se le podrá ocasionar daño físico, psíquico o moral.
- ✓ Nadie puede ser molestado arbitrariamente en su vida privada, familiar, domicilio o correspondencia, ni sufrir ataques a su honra o reputación.
- ✓ Toda persona tiene derecho a circular libremente y a elegir su residencia.
- ✓ Toda persona tiene derecho a una nacionalidad.

- ✓ En caso de persecución política, toda persona tiene derecho a buscar asilo y a disfrutar de él, en cualquier país.

- ✓ Los hombres y las mujeres tienen derecho a casarse y a decidir el número de hijos que desean.
- ✓ Todo individuo tiene derecho a la libertad de pensamiento y de religión.
- ✓ Todo individuo tiene derecho a la libertad de opinión y expresión de ideas.
- ✓ Toda persona tiene derecho a la libertad de reunión y de asociación pacífica.

Segunda Generación: La constituye los derechos económicos, sociales y culturales, debido a los cuales, el Estado de Derecho pasa a una etapa superior, es decir, un Estado Social de Derecho. De ahí el surgimiento del constitucionalismo social que enfrenta la exigencia de que los derechos sociales y económicos, descritos en las normas constitucionales, sean realmente accesibles y disfrutables. Se demanda un Estado de Bienestar que implemente acciones, programas y estrategias, a fin de lograr que las personas los gocen de manera efectiva, y son:

- ✓ Toda persona tiene derecho a la seguridad social y a obtener la satisfacción de los derechos económicos, sociales y culturales.

- ✓ Toda persona tiene derecho al trabajo en condiciones equitativas y satisfactorias.
- ✓ Toda persona tiene derecho a formar sindicatos para la defensa de sus intereses.
- ✓ Toda persona tiene derecho a un nivel de vida adecuado que le asegure a ella y a su familia la salud, alimentación, vestido, vivienda, asistencia médica y los servicios sociales necesarios.
- ✓ Toda persona tiene derecho a la salud física y mental.
- ✓ Durante la maternidad y la infancia toda persona tiene derecho a cuidados y asistencia especiales.
- ✓ Toda persona tiene derecho a la educación en sus diversas modalidades.
- ✓ La educación primaria y secundaria es obligatoria y gratuita.

Tercera Generación: Este grupo fue promovido a partir de la década de los setenta para incentivar el progreso social elevar el nivel de vida de todos los pueblos, en un marco de respeto y colaboración mutua entre las distintas naciones de la comunidad internacional. Entre otros, destacan los relacionados con:

- ✓ La autodeterminación.
- ✓ La independencia económica y política.
- ✓ La identidad nacional y cultural.
- ✓ La paz.
- ✓ La coexistencia pacífica.
- ✓ El entendimiento y confianza.
- ✓ La cooperación internacional y regional.
- ✓ La justicia internacional.
- ✓ El uso de los avances de las ciencias y la tecnología.
- ✓ La solución de los problemas alimenticios, demográficos, educativos y ecológicos.
- ✓ El medio ambiente.
- ✓ El patrimonio común de la humanidad.
- ✓ El desarrollo que permita una vida digna.

Definición de Derechos Humanos

Los Derechos Humanos pueden definirse como aquellos derechos que son inherentes a la naturaleza del individuo, sin los que no se puede vivir como seres humanos. Los Derechos Humanos, así como, las Libertades Fundamentales permiten el pleno desarrollo, el uso de las cualidades humana (inteligencia, aptitudes, consciencia, la satisfacción de las necesidades espirituales).

Los Derechos Humanos tiene su base en el respeto y protección de la dignidad y los valores inherentes de cada ser humano; es por ello que la ausencia de estos derechos no solamente tiene como significado una tragedia individual personal, también origina condiciones de inestabilidad social y política donde nace la violencia y los conflictos que se producen en las sociedades, entre las sociedades y dentro de las naciones.

Cuando se habla de los Derechos Humanos hay que destacar que variadas las acepciones de la cual ha sido objeto, y esto se debe por múltiples causas entre las que se puede nombrar, la diferencia de idioma, el uso lingüístico de cada sociedad, las culturas. Son aquellas exigencias que brotan de la propia condición natural de hombre.

Cabe destacar que, a lo largo de la historia, ha sido tomado en cuenta con un alto nivel de importancia los Derechos Fundamentales inherentes a la persona humana que hoy se han dado en llamar Derechos Humanos. Esta actualidad y este interés suponen quizás no tanto el descubrimiento de algo hasta ahora ignorado, sino una nueva "toma de conciencia" de la necesidad al respeto de los Derechos Humanos en esta etapa de la evolución de la Humanidad; nueva "Toma de Conciencia" que se manifiesta sobre todo en las airadas y universales condenaciones contra los atentados de que con objeto los Derechos Humanos ya que como advierte el Concilio Vaticano Segundo:

"...Estos atentados son en sí mismos infamantes, degradan la civilización humana, deshonran más a sus autores que a sus víctimas y son totalmente contrario al honor debido creador". (Concilio Vaticano II, Constitución Apostólica "Gaedium et Spes" sobre la Iglesia en el Mundo Actual, Número 27. En nueve Grandes Mensajes, B.A.C., Madrid, 1986, p. 414).

Cuando se habla del Pacto Internacional de Derechos Civiles y Políticos de Naciones Unidas se refiere a:

- ✓ El derecho a la vida.
- ✓ El derecho al nombre.
- ✓ Derecho a la inviolabilidad de la libertad personal.
- ✓ Garantías ante el arresto o detención.
- ✓ Derecho a la defensa y a no estar incomunicado.
- ✓ El límite personal de las penas.
- ✓ La identificación de la autoridad.
- ✓ El derecho a la excarcelación.
- ✓ Régimen especial sobre delitos graves.
- ✓ Prohibición de la desaparición forzosa de personas.
- ✓ El derecho a la integridad personal.
- ✓ Derecho a no ser sometido a tortura o penas degradantes.
- ✓ El derecho de los detenidos al respeto a la dignidad humana.
- ✓ El derecho a decidir sobre experimentos y tratamientos.
- ✓ La responsabilidad de los funcionarios.

- ✓ El derecho a la inviolabilidad del hogar doméstico.

Los Derechos que han sido mencionados anteriormente solamente representan algunos de los Derechos Fundamentales, obligaciones y responsabilidades que están contemplados dentro de la Constitucional Nacional de cada país, a lo cual también es importante hacer referencia a las normas jurídicas que contemplan los Derechos Sociales y de las Familias, los Derechos Laborales, Derechos Culturales y Educativos que tienen todos los Seres Humanos de manera individual y colectivo no estableciendo ningún límite o restricción a ellos.

Los Derechos Humanos representan una de las principales fuentes de protección que tienen el ser humano en cada uno de sus derechos, siendo regulado y contemplado en leyes nacionales e internacionales de manera que todo ser humano pueda ser protegido sin importar el lugar o país donde se encuentre y aplicar las correspondientes sanciones y responsabilidades del no cumplimiento de las obligaciones y protección de los Derechos Humanos.

creando una diferencia entre quienes ven y/o sufren los efectos negativos de la Inteligencia Artificial sean considerados como una minoría restándoles importancia a este grupo, al igual que ni a los aspectos y ámbitos que no fueron considerados antes de la masiva implementación y difusión de la Inteligencia Artificial en el presente.

Dos áreas de gran importancia en la vida de todo ser humano se han reunido para dar nacimiento a los Derechos Humanos es uno de los temas más amplios y complejos en lo que se refiere a la protección de los Derechos que tiene toda persona (obligaciones y responsabilidades), pero no escapa de tener que superar importantes y constantes retos para poder cumplir de manera efectiva, eficaz, y eficiente con sus principios y obligaciones.

De acuerdo al significado e importancia de los derechos humanos se puede hacer mención a una relación integrada por beneficios, ventajas, desigualdades, desventajas, conflictos y contradicciones, retos que se encuentran relacionados de distintas formas siendo la más predominante los conflictos y contradicciones, esta relación está dirigida a la tecnología y a los derechos Humanos, y más específicamente a la Inteligencia Artificial.

Desde una primera visión pareciera que la relación Derechos Humanos – Inteligencia Artificial no tiene nada en común, pero al examinarlas con mayor detenimiento es posible observar cómo los Derechos Humanos y la Inteligencia Artificial tanto por separado como unidos es posible observar la estrecha similitud que existe entre estas áreas. Aun cuando la Relación Derechos Humanos – Inteligencia Artificial es posible que se presenten diversos puntos de vistas que justifican y expliquen la existencia de dicha relación, entre los que se puede mencionar punto de vista positivo, punto de vista negativo, así como, la existencia de los escépticos o espectadores de la Relación Derechos Humanos – Inteligencia Artificial.

La relación Derechos Humanos y la Inteligencia Artificial hace que cada día se haga más indispensable que los especialistas en Derechos Humanos adquieren e incrementan sus conocimientos, capacidades en distintos aspectos relacionados con la Inteligencia Artificial, y la Inteligencia Artificial existentes de manera que se puedan considerar distintas formas de protección de los Derechos Humanos.

Los Derechos Humanos han estado presente en cada una de las evoluciones del ser humano, hecho que ahora incluye la inclusión de la Inteligencia Artificial, la influencia de la tecnología ha alcanzado en algunos aspectos niveles muy altos haciendo que en muchas ocasiones la protección, vigilancia, resguardo de los Derechos Humanos, sean más complejos y difíciles, sin embargo, es importante destacar que la Inteligencia Artificial y los diferentes tipos de Inteligencia Artificial constituyen elementos de gran importancia en el desarrollo en los distintos ámbitos (económicos, sociales, investigación, culturales, profesionales, personales), pero tampoco es posible negar que ha sido empleado para afectar de los Derechos Humanos y cometer acciones y actividades que van en dirección contraria a los establecido en la Ley (delitos) generando que los profesionales, especialistas en materia de los Derechos Humanos, así como, Legisladores, Juristas, Organismos, Organizaciones encargados de velar por la protección de los Derechos Humanos se vuelve cada vez más compleja, situación que hace necesaria el mantenimiento de un constante seguimiento y adecuación a las diversas transformaciones de la sociedad.

Los cambios de la sociedad, protección de los Derechos Humanos y la Inteligencia Artificial lleva a considerar la forma en cómo ha de nacer, desarrollar, mantener, los distintos aspectos que comparten y no comparten los Derechos Humanos y la Inteligencia Artificial, pero sin duda, que el factor de mayor importancia se encuentra en la protección de los Derechos Humanos, así como mantener y continuar el avance de la Inteligencia Artificial.

Figura 3. Impacto de la Inteligencia Artificial en los Derechos Humanos

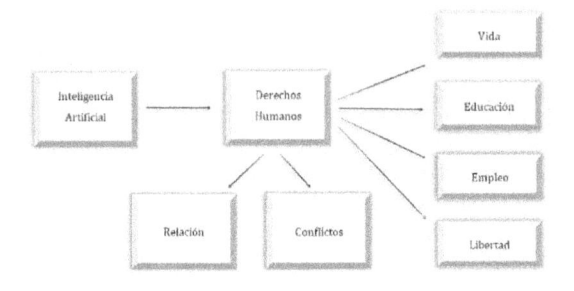

Fuente: Autora, 2024

La Inteligencia Artificial no solamente ha sufrido avance y transformaciones, sino que también ha sido involucrado en casi todas las actividades (personales, sociales, profesionales, educativos, investigaciones, laborales) e incluso en lo que se refiere a situaciones que pueden resultar contradictorios e inclusive imposible de considerar debido al nivel de riesgo y diferencia que existe entre cada uno de los Derechos Humanos y la Inteligencia Artificial, sin embargo, a pesar de las diferencias existentes se ha demostrado tanto en la teoría como en la práctica como la Inteligencia Artificial afecta negativamente los Derechos Humanos y como cada día ese efecto negativo aumenta en lugar de reducir o nivelarse de manera equilibrada, equitativa y justa tanto para este avance de la tecnología como para los seres humanos.

- ✓ ¿Como y cuando se dio origen a los conflictos y contradicciones entre la inteligencia artificial y los Derechos Humanos?

- ✓ ¿Cuáles mecanismos y estrategias se deben y pueden implementar para cambiar los negativos efectos que impacta la inteligencia artificial en los

Derechos Humanos y que logre perdurar en el tiempo?

La correcta y adecuada realización de análisis, estudios, eventos, situaciones que requieren de una acción inmediata y constante, a lo cual debe incluirse la implementación de seguimientos y estrategias que sea capaz de mantenerse en el tiempo y pueda adaptarse tanto a los cambios y transformaciones de la sociedad, del mundo y de la Inteligencia Artificial, pero más aun que pueda dar la protección necesaria de y hacia la Inteligencia Artificial.

Otro de los aspectos que se presenta a discusión en la "Figura 3. Impacto de la Inteligencia Artificial en los Derechos Humanos" es la referida a la existencia de una relación entre la inteligencia artificial y los Derechos Humanos por cuanto no solamente, existe diferencias, conflictos y contradicciones también es importante destacar la existencia de una estrecha y directa relación siendo que en la actualidad detrás de la inteligencia artificial se encuentra una persona (ser humano) manejándolo y quine tiene obligaciones y responsabilidades por la implementación y uso de la inteligencia artificial, además de ellos existen elementos como áreas de uso e implementación, capacidad, desarrollo, desenvolvimiento que hacen que la inteligencia artificial se convierta en una herramienta casi indispensable en la vida del ser humano.

Entre los principales derechos humanos que todo ser humano posee y se encuentran contemplados dentro del cuerpo normativo de la Constitución Nacional, Carta Interamericana de Derechos Humanos, y en todas las legislaciones nacionales e internacionales relativas a los Derechos es el Derecho al Trabajo, Derecho a la Educación los cuales tiene una larga trayectoria y los cuales cuenta con una larga trayectoria en lo que ha sufrido transformaciones, adaptaciones de acuerdo a las exigencias y cambios de la sociedad a través del tiempo, en el que también ha logrado superar diversos retos y enfrentarse a nuevas, existentes y futuros retos que superar para poder sobrevivir y mantener su vigencia.

Declaración Universal de Derechos Humanos
Adoptada y proclamada por la Asamblea General en su resolución 217 A (III), de 10 de diciembre de 1948

La Declaración Universal de Derechos Humanos es una de las principales legislaciones que protegen los Derechos Humanos de todas las personas en el mundo, al igual que el establecimiento de las sanciones que corresponden o han de aplicar por la violación de los Derechos Humanos sin importar el país donde ocurra, a lo cual se puede mencionar los artículos 7 y 22 los cuales se refieren a la igualdad, derechos, seguridad y en el esfuerzo tanto nacional como internacional que se deben realizar para lograr el cumplimiento de este objetivo.

En el artículo 7, la igualdad de todas las personas, los derechos que tienen de ser protegidos, pero siempre refiriéndose a tos seres humanos lo cual entra en contradicción y conflicto con la Inteligencia Artificial. En la actualidad este articulo también establece la importancia de que todos los seres humanos tienen derechos a ser protegidos, pero como pueden ser protegidos ante la masiva implementación y uso de la Inteligencia Artificial.

"Artículo 7

Todos son iguales ante la ley y tienen, sin distinción, derecho a igual protección de la ley. Todos tienen derecho a igual protección contra toda discriminación que infrinja esta Declaración y contra toda provocación a tal discriminación."

En cuanto al artículo 22, referido a los derechos que tiene toda persona como miembro de la sociedad sin que exista ningún tipo de distinción que pueda afectar o impactar negativamente en cualquiera de sus derechos y manteniendo en todo momento la debida y correcta protección a cada uno de ellos, haciendo necesaria no solamente el cumplimiento por parte del Estado de sus obligaciones y responsabilidades no solamente a nivel interno sino también mediante su cooperación a nivel internacional, ampliando de esta manera el cumplimiento de los objetivos, principios de la declaración Universal de Derechos Humanos a todos los países del mundo tanto de manera directa como indirecta.

"Artículo 22

Toda persona, como miembro de la sociedad, tiene derecho a la seguridad social, y a obtener, mediante el esfuerzo nacional y la cooperación internacional, habida cuenta de la organización y los recursos de cada Estado, la satisfacción de los derechos económicos, sociales y culturales, indispensables a su dignidad y al libre desarrollo de su personalidad."

En la actualidad los Derechos Humanos deben enfrentar diversas situaciones y retos que deben ser superados para poder cumplir de manera efectiva, eficaz y eficiente la protección, seguimiento, supervisión y mantenimiento de cada uno de los Derechos Humanos que tienen las personas en el mundo sin ningún tipo de discriminación o limitación, sin embargo, debido a los contantes cambios y transformaciones de la sociedad y de los avances que ocurren en el mundo, así como, la velocidad con lo cual las afectaciones a la protección de los Derechos Humanos ocurren, por lo que en muchas ocasiones no se cumple de manera correcta, eficaz, y eficiente con sus obligaciones y responsabilidades haciendo que las instituciones y/o organismos responsables de velar por los Derechos Humanos incurren en fallas y se produzcan el nacimiento, mantenimiento e incremento de debilidades generando e incrementando dudas y cuestionamientos en la credibilidad y confianza en dichas instituciones y/u organismos

Constitución Nacional

La Constitución Nacional es el principal documento de cada país, también conocido como "Carta Magna" o "Carta Fundamental" el cual es la encargada de disponer dentro de su cuerpo normativo todas las obligaciones, responsabilidades y sanciones, que han de proteger a todos los ciudadanos y habitantes del país, así como, la protección de su territorio y desarrollo de los diferentes sectores, pero más aún es la dispone la protección de todos los seres vivos que se encuentran dentro del territorio de ese determinado país. A pesar de las grandes similitudes que tienen todas las constituciones, y de las propias particularidades y diferencias tal como puede ser el caso de la existencia de una constitución nacional que ha de regir de manera completa y total todo el país, además del caso en que el Estado tiene su propia Constitución, sin embargo, en ningún momento están por encima de la máxima Constitución Nacional que rige todo el país tanto en el ámbito nacional como internacional. A lo largo de la historia muchos han sido los eventos que han marcado el nacimiento y supervivencia de la Constitución Nacional siendo en ocasiones objeto de derogaciones, reformas, o enmiendas (totales o parciales), pero siempre manteniendo sus principios y fundamentos intactos, y a lo cual no cabe duda de que en el futuro la Constitución Nacional no va a escapar de tener que pasar nuevamente por alguna de estas situaciones y/o eventos de manera que pueda continuar cumpliendo con sus principios, fundamentos, obligaciones y objetivos.

Uno de los grandes retos que la Constitución Nacional tiene que enfrentar en el presente esta referida a una situación amplia y compleja que además cuenta con una gran cantidad de situaciones que son capaces de generar conflictos en los diferentes ámbitos afectando directamente la Constitución Nacional, los Derechos Humanos y todas las normas jurídicas contempladas en la Constitución Nacional como lo es el caso de la Inteligencia Artificial, la cual sin duda alguna entra en conflicto con la Constitución Nacional.

Dentro del cuerpo normativo de la Constitución Nacional se encuentran las obligaciones, responsabilidades, sanciones, Derechos Humanos y protecciones, entre otros aspectos de gran importancia, sin embargo, a pesar de ser algunos de los que mayor relevancia tienen en el desarrollo e impacto de La Inteligencia Artificial.

- ¿De qué manera la inteligencia artificial tiene impacto en cada uno de estos aspectos y normas jurídicas contemplado dentro de la Constitución Nacional?

Muchas son las maneras en que se produce el conflicto entre las Leyes y la Constitución Nacional y a lo cual ahora no solamente se puede hacer mención a ese tipo de conflicto en específico, por cuanto con el surgimiento y la magnitud de implementación y explotación de la Inteligencia Artificial, también se incluye como uno de los factores de conflicto con la Constitución Nacional, en especial como consecuencia de la celeridad en la implementación y uso de la inteligencia artificial tanto en el sector público como en el privado.

La Constitución Nacional es el principal pilar del país de su cuerpo normativo es que se da nacimiento a los Códigos, Leyes, Decretos, que han de contener las actuaciones de los(as) habitantes del país y de las actuaciones tanto internas como externas (relaciones internacionales) del país teniendo como uno de los aspectos que han tomado gran relevancia es la Inteligencia Artificial que debido a sus constantes cambios y ramificaciones se ha convertido en parte de la vida diaria (economía, política, cultural, social, profesional y personal) convirtiéndose fundamental e indispensable la existencia de una la ley, reglamento que contemple las normas jurídicas que han de regular la implementación y uso de la tecnología de manera que se garantice la protección de los Derechos Constitucionales de todos(as) y cada uno(a) de los habitantes del país.

Tanto la Constitución como todo ordenamiento jurídico emana del Poder Legitimado para crear derecho, este poder se encuentra conformado de acuerdo a las diversas fuerzas, que como partes de la Constitución representan los factores reales del poder. Según expresa Lasalle, los factores reales del Poder tienen incidencia en el desarrollo de cualquier Constitución; estos factores existentes en cada sociedad, están estrechamente vinculadas con aspectos de distintitas índoles (social, cultural, político y económico) siendo estos la fuerza efectiva y activa que condiciona a todas las leyes y disposiciones jurídicas de la sociedad, de tal forma que en lo fundamental casi no puede ser diferentes de lo que son realmente, por ende una Constitución debe reflejar necesariamente la realidad.

Normalmente, es aplicada por una Corte Suprema o tribunal Constitucional quien es el encargado de resolver los litigios o recursos de inconstitucionalidad por los ciudadanos frente a los Poderes del Estado, o de estos entre sí. Este organismo cumple también en algunos países la función de determinar, antes de su establecimiento, la constitucionalidad de una norma jurídica, actuando en ese caso como órgano consultivo.

Definición

Distintos autores se han dado la tarea de explicar el significado de Constitución, a continuación se realizará algunas referencias de estos estudiosos de la Constitución dando señalamiento que aun cuando se hacen presente diversos criterios y maneras de definir o explicar la Constitución todos los autores aquí señalados llegan a un mismo punto en común que no es otro que entender la Constitución como el documento fundamental, a través, del cual se rige un Estado.

La Constitución es entendida como el conjunto de disposiciones consuetudinarias de manera escrita, aceptada o elaborada de manera solemne, que se encuentra encargada de regular la organización y relación de los Poderes Públicos, señalando cuales son los deberes, garantías y libertades de los ciudadanos. Se conoce como Constitución a la norma fundamental que posee un Estado, la cual puede ser escrita o no escrita, dicha Constitución se encarga de regula el régimen básico de los derechos y libertades de que disponen los individuos, así como, la organización de los poderes e instituciones políticas.

Otra definición se refiere a la Constitución como la ley fundamental de un Estado Soberano, sea escrita o no, la cual ha sido aceptada o establecida para que sirva de guía de la gobernación del Estado. La Constitución es quien fija los límites y define las relaciones que han de existir entre los Poderes del Estado, estableciendo de esta manera las bases del gobierno también es la que le garantiza al pueblo determinados derechos.

Dentro de la tendencia moderna del constitucionalismo, la Constitución significa una pluralidad de normas escritas que básicamente se refieren a la organización de los Órganos del Estado y que contiene además un conjunto de dispositivos tendentes a asegurar los derechos y garantías ciudadanas y en algunos casos a fijar proyectos o acciones, que en el futuro deben acometer los titulares de los órganos y que se traducen en programas de acción del Estado.

La concepción democrática de la Constitución se entiende como el resultado de un acto solemne de expresión de voluntad popular, que ha de recoger para el momento de ser dictado, una concepción especial en el diseño organizativo, cuyos postulados fundamentales pueden en el futuro variar por los más diversos factores.

La Constitución ha de entenderse como la Ley Fundamental. La Constitución como Ley Marco del Estado permite concentrar una normativa reguladora de vida en Sociedad, con sumisión a esa voluntad expresada en la ley, que al mismo tiempo de esa adecuación o sumisión del Estado sería la noción ideal o primaria que puede tenerse de Constitución.

En cuanto a lo que se refiere a la doctrina jurídico política esta señala la existencia de una distinción convencional entre

Constitución y Constitución. Por constitución se entiende la forma real y efectiva en que se organiza y funciona un Estado; es decir, el modo en el que realmente está constituido el poder dentro de él.

En este sentido, se entiende por Constitución al conjunto de normas supremas que rigen la organización y el funcionamiento de un Estado. Son normas jurídicas, no se refiere a situaciones de hechos que se haya presentado, son normas generadoras de derechos y obligaciones. Desde el punto de vista jurídico, el concepto que más ha sido tomado en cuenta es el segundo.

Las Constituciones modernas en general están comprendidas por una declaración de derechos, o bien, están precedidas de ello, pero que a pesar de las diferencias que existen debido a determinadas particularidades comparten un mismo objetivo, y principio el cual no es más que la protección de todos los seres vivos que se encuentran dentro del territorio de ese determinado país, y cuya mayor dificultad y retos es la correcta interpretación, entendimiento y manejo del alma de la Constitución Nacional en cualquiera de sus versiones incluyendo las Constituciones Modernas.

Para Hans Kelsen el vocablo Constitución tiene dos sentidos, un sentido lógico-jurídico y un sentido jurídico-positivo. Sentido lógico-jurídico: La Constitución es la norma fundamental o hipótesis básica; la cual no es creada conforme a un procedimiento jurídico y, por lo tanto, no es considerada como una norma positiva, debido a que nadie la ha regulado por cuanto no es producto de una estructura jurídica, sino que solamente es un presupuesto básico, a partir de esa hipótesis se conforma el orden jurídico, cuyo contenido se encuentra subordinado a la norma fundamental, sobre la cual radica la validez de las normas que constituyen el sistema jurídico. Sentido jurídico-positivo: está sustentado en el concepto lógico-jurídico, ya que la Constitución se concibe como un supuesto que le otorga validez al sistema jurídico en su conjunto, y como norma fundamental en él descansa todo el sistema jurídico. En este concepto la Constitución deja de ser supuesto, para adoptar una concepción de otra naturaleza, y pasa a ser una norma puesta, no supuesta. La Constitución en este sentido nace como un grado inmediatamente inferior al de la Constitución en su sentido lógico jurídico.

Fernando Lasalle, presenta una definición en la que se reúne todos los factores de poder del país, contemplando también los retos y diversas situaciones que afectan la existencia y el efectivo cumplimiento de las normas legales y principios contemplados en la Constitución, dicha definición se presenta como el resultado de la suma de los factores reales de poder y en la cual expresa que una Constitución no sería tal, sino refleja la realidad política de un Estado.

Aristóteles, estudió la Constitución dividiéndolo en tres aspectos: La primera refiriéndose a la Constitución como una realidad, con el cual se estudia como el acontecer de la vida, de la comunidad, es decir, la vida misma de la sociedad y del Estado, la existencia de una política armonizada u organizada; la segunda forma de estudió establece a la Constitución como una organización, en este sentido se refiere a la forma de organizar las políticas de la realidad; y por último se puede estudiar la Constitución como lege ferenda, es decir, todo gobernante está en la obligación de analizar cuál es la mejor Constitución para un Estado, cuáles son las mejores formas, en virtud de las cuales se ha de organizar el Estado para poder lograr la realización de sus fines, para llevar a cabo los fines de la comunidad.

Karl Loeweinstein, presenta una definición de Constitución Nacional tomando como base principal a la sociedad y las particularidades tiene ella tienen de acuerdo al país a que se haga referencia presentando la existencia de similitudes y diferencias, pero a su vez haciendo mención a los principios políticos a lo que le da una perspectiva diferente y única planteando la existencia en toda sociedad de una Constitución, bien sea, real u ontológica la Constitución Ontológica hace referencia al ser de cada sociedad, la cultura social real, las formas de conducta reconocidas, los principios políticos en lo que tiene su basamento toda comunidad, y que es formalizada en una Constitución escrita.

George Burdeau, define la Constitución teniendo como base el poder político, y aun cuando se considere que mantiene el mismo lineamiento que Karl Loeweinstein se puede observar la presencia de importantes diferencias, haciéndolo más complejo, reuniendo y presentando de unión de aspectos que han de ayudar a continuar el desarrollo y cumplimiento de los Derechos Fundamentales contemplados en la Constitución, de allí que George Burdeau se refiere a la

Constitución como el status del Poder Político convertido en instituciones estatales. La Constitución es la institucionalización del Poder.

Maurice Hauriou, se refiere a la Constitución en su conjunto que envuelve no solamente reglas, normas de un determinado sector, estado o institución, sino que envuelve toda la vida y comunidad sin importar el lugar al que se haga referencia (dentro del territorio del país) que va a ejercer sus funciones y obligaciones para lo cual este autor dice que la Constitución, es el conjunto de reglas en materia de gobierno, de la vida y comunidad. La Constitución de un Estado, es el conjunto de reglas relativas al gobierno y a la vida de la comunidad estatal.

Jorge Carpizo, es otro importante autor que se ha dedicado a estudiar y explicar la importancia de la Constitución, no deteniéndose con la aceptación o rechazo de una postura o punto de vista en particular, por el contrario, su estudio se ha basado en diferentes posturas, puntos de vista y situaciones que lo ha llevado a dar una clara descripción de la Constitución, de las teorías, posturas y corrientes que ha habido en torno a ella. Lo cual además de la gran contribución que ha dado con su descripción, también analiza el concepto desde diversos ángulos, y dice que la palabra Constitución, como tal, tiene diversos significados.

Biscaretti, atribuye cinco significados al término Constitución, cada uno de esos significados se diferencian entre ellos por cuando tienen como punto particular el enfoque con el cual es tomado en cuenta para el desarrollo de la definición de la Constitución, la cual puede contener diferencias, pero siempre manteniendo su principal objetivo igual, a lo cual se presenta:

- ✓ Constitución en sentido institucional: identificada con la estructura esencia de un organismo en general; es por ello, que es entendida como el ordenamiento supremo del Estado.

- ✓ Constitución en sentido sustancial: referida al ordenamiento jurídico que posee un Estado en relación al contenido normativo. En consecuencia, se entiende a la Constitución como el conjunto de normas jurídicas fundamentales que forman el marco del ordenamiento jurídico de un Estado.

- ✓ Constitución en sentido formal: corresponde con el procedimiento que se ha de utilizar en el momento de creación de las normas legales constitucionales. En este sentido la Constitución es un conjunto de normas jurídicas distintas de otras por el especial proceso legislativo utilizado para su formulación.

- ✓ Constitución en sentido instrumental: instrumento o documento que contiene las normas jurídicas de carácter constitucional; es por ello que se entiende por Constitución al acto fundamental en donde han sido formulado de manera solemne las normas materialmente constitucionales.

- ✓ Constitución en sentido material: aquí se relaciona la Constitución con un determinado régimen político. En este sentido la Constitución se puede entender como el conjunto de elementos organizadores que son necesarios para la subsistencia del Estado.

Otras importantes definiciones de la Constitución han sido presentadas por Sánchez Agesta, Lord Bryce, Heller y Locke quienes a lo largo de la Historia han sido conocidos como algunos de los más influyentes e importantes estudiosos de las Leyes y en especial a lo que se refiere a la Constitución, sus investigaciones y análisis no solamente demostraron tener impacto en su época sino también en el presente y futuro.

A pesar de los constantes avances, transformaciones y exigencias de la sociedad y del mundo sus definiciones son amplias, complejas y con capacidad de adaptación a todas las sociedades sin que ello afecte las diferencias que tiene cada país, pero también demuestran que son flexibles y capaces de adaptarse aceptando la necesidad de que la Constitución deba ser sujeto a reformas y/o enmiendas para aceptar os cambios y continuar siendo el principal documento, la Carta Magna del país necesario e indispensable para garantizar y proteger la vida.

Sánchez Agesta, se refiere a la Constitución teniendo como base los aspectos que en muchos casos no son tomados en cuentas, o no se la otorga la respectiva importancia siendo estos el objeto y forma, pero a su vez recurre a la terminología contribuyendo a emplear el lenguaje y explicaciones necesarias acorde a la sencillez y complejidad reunidas para llegar a una explicación de la Constitución que pueda ser aceptada y conocida por todos.

> "Bien por su objeto o materia, bien por las formas y efecto especiales de que la reviste la técnica jurídica. Con una terminología, no muy elegante y precisa, pero fijada por el uso, se conoce la definición por su objeto como material y la que atiende a las formas y efectos jurídicos como concepto formal".

Lord Bryce, lleva la explicación de la Constitución a un nivel amplio en donde recurre a las diferentes formas en que actúa, se presenta y funciona la constitución de acuerdo al situación, evento y momento en que se encuentre destacando en ello su formalidad, flexibilidad y rigidez, permitiendo a su vez determinar cuándo y cómo funcionan cada una de esas características que tiene la Constitución.

> "Las Constituciones, en su acepción formal, pueden ser flexibles o rígidas. Las flexibles o elásticas, son

> aquellas constituciones que pueden ser modificadas e cualquier momento, por el procedimiento legislativo ordinario, con la ventaja de que pueden adaptarse a nuevas condiciones y a nuevas concepciones de la sociedad. Jurídicamente, las normas constitucionales no se diferencian de las demás, aunque desde el punto de vista político o de hecho, son más estables que las ordinarias".

Heller, el estudio de la Constitución lo realiza estableciendo la diferencia entre la Constitución moderna y Constitución para el momento de creación o nacimiento, permitiendo ver los cambios que han ocurrido no solamente en la sociedad sino también en la estructura del Estado y de como ella ha afectado de otra manera la Constitución, y su vigencia.

> "La Constitución moderna, no se caracteriza, son embargo, propiamente dicha por la forma escrita sino por el hecho de que la estructura total del Estado debe ser regulada en un documento escrito único".

Locke, fue quien estableció la división de poderes dentro del gobierno; también fue conocido como quien tuvo una mayor influencia en la Declaración de Independencia y en la Constitución de los Estados Unidos de América la Declaración de los Derechos del Hombre y del Ciudadano en Francia realizadas a finales del siglo XVIII.

La experiencia constitucional de Francia, Gran Bretaña y Estados Unidos fue decisiva para el desarrollo del pensamiento liberal del siglo XIX, durante el cual se produjo la promulgación de constituciones en la mayor parte de los países europeos y americanos, es debido a ello que cabe señalar que las constituciones del siglo XIX, tenían como tendencia a tener una corta vigencia, es decir, eran breves y contenían únicamente normas fundamentales. Desde la Primera Guerra Mundial, se hizo más frecuente la inclusión dentro del texto constitucional diversos principios que hacían mención a temas de índoles sociales, económicos y políticos aspectos que anteriormente eran remitidos a las leyes ordinarias.

Unión Europea y la Inteligencia Artificial

Para poder comprender la relación e impacto de la Inteligencia Artificial en la Unión Europea y viceversa es necesario conocer un poco que es la Unión Europea, sus principios, objetivos, valores y cuáles son los países que conforman la Unión Europea siendo que es la Unión europea quien ha dado un importante paso en el desarrollo, y límites de la Inteligencia Artificial con la aprobación del Reglamento de Inteligencia Artificial

La Unión Europea (UE) es una entidad geopolítica que cubre gran parte del continente europeo. Es una asociación económica y política única en el mundo, formada por veintisiete (27) países que a pesar de las diferencias y particularidades de cada uno comparten intereses y preocupaciones mutas no solamente para lograr y mantener una estabilidad económica, política, social, educativa, cultural e incluso en lo relativo al aspecto migratorio, pero también para poder continuar en el avance y desarrollo todos los diferentes sectores necesarios para la supervivencia ante los distintos desafíos y retos que existen y se han de presentar tal como por ejemplo en el caso referido a los efectos negativos producidos como consecuencia del cambio climático que afecta a todos por igual, lo cual les ha hecho considerar y entender que deben unirse y trabajar de manera conjunta para poder lograr sobrevivir y superar todos los obstáculos, así como, lograr con éxito los objetivos propuestos para el presente y el futuro.

Los países que forman parte de la Unión Europea se han incorporado en distintas fechas tras la realización de múltiples consideraciones y discusiones, sin embargo, a pesar de haberse en una primera instancia unido e integrarse a la Unión Europea algunos países han encontrados dificultades que los han hecho retirarse total o parcialmente de la Unión Europea tras considerar que no les ofrece ni produce los beneficios y oportunidad que una vez fueron presentados, demostrando que aun importantes iniciativas como la conformación de la Unión Europea no escapa de tener dificultades, retos e incluso producir efectos e impactos contrarios a los planteados, dejando ver la existencia de debilidades, fallas haciendo necesario tener y contar con estrategias y mecanismos que contribuyan a transformar dicha situación y ser capaz de producir y proveer los beneficios y ventajas planteados y perseguido por la Unión Europea.

En el desarrollo del "Cuadro 4. Países Miembros de la Unión Europea" se puede ver la diferencia de fecha en la cual los países que en la actualidad forman parte de la Unión Europea se ha incorporado dejando ver que a pesar de su voluntad de formar una unión de países que los ayude a superar las dificultades y lograr trabajar de manera cooperativa para continuar avanzando y desarrollándose han sido muchos los retos, discusiones que se llevan a cabo antes de formalizar su ingreso siendo que en la actualidad a pesar de mantenerse como miembros de la Unión Europea las dificultades y cuestionamientos no solamente se han mantenido sino que también han surgido nuevas y cambiantes situaciones que han afectado directa e indirectamente a cada uno de los países miembros de la Unión Europea.

Cuadro 4. Países Miembros de la Unión Europea

Países Miembros	Fecha de Incorporación	Países Miembros	Fecha de Incorporación
Alemania	Estado miembro de la UE desde 1958	Grecia	Estado miembro de la UE desde 1981

Austria	Estado miembro de la UE desde 1995	Hungría	Estado miembro de la UE desde 2004,
Bélgica	Estado miembro de la UE desde 1958	Irlanda	Estado miembro de la UE desde 1973
Bulgaria	País miembro de la UE desde 2007	Italia	Estado miembro de la UE desde 1958
Chequia	País miembro de la UE desde 2004	Letonia	Estado miembro de la UE desde 2004
Chipre	Estado miembro de la UE desde 2004	Lituania	Estado miembro de la UE desde 2004

Croacia	Estado miembro de la UE desde 2013	Luxemburgo	Estado miembro de la UE desde 1958
Dinamarca	Estado miembro de la UE desde 1973	Malta	Estado miembro de la UE desde 2004
Eslovaquia	Estado miembro de la UE desde 2004	Países Bajos	Estado miembro de la UE desde 1958
Eslovenia	Estado miembro de la UE desde 2004	Polonia	Estado miembro de la UE desde 2004
España	Estado miembro de la UE desde 1986	Portugal	Estado miembro de la UE desde 1986

Estonia	Estado miembro de la UE desde 2004	Rumanía	País miembro de la UE desde 2007
Finlandia	Estado miembro de la UE desde 1995	Suecia	Estado miembro de la UE desde 1995
Francia	Estado miembro de la UE desde 1958		

Fuente: Autora, 2024

Países que se han Retirado de la Unión Europea

Uno de los aspectos que ha causado diversos tipos de efectos y preguntas está relacionado con el retiro de países como miembro de la Unión europea creando interrogantes en cuanto a los motivos que generan dicha situación y como se puede prevé y/o enviar que más países decidan retirarse de la Unión Europea, aun cuando hasta la fecha solamente se ha presentado el caso de un solo país que se retiró de la Unión

Europea esto demuestra la existencia de problemas y situaciones que requieren ser evaluados y revisados de manera que dichos problemas puedan ser subsanados, pero también sienta un precedente abriendo la puerta una situación inesperada, permitiendo que otros países no solamente consideren retirarse de la Unión Europea sino que también planteen la necesidad de establecer limitaciones y/o restructuración para mantener su permanencia como miembro de la Unión Europea durante un corto, mediano y/o largo plazo.

En el "Cuadro 5. Países que se han Retirado de la Unión Europea" que se presenta a continuación se hace referencia a Reino Unido país que hasta ahora ha sido el único en retirarse de la Unión europea tras un proceso que realizado tras llevarse a cabo la consulta a los ciudadanos y habitantes de Reunido Unido en el año 2016 que con una participación del 72% de la población de Reino Unido se obtuvo como resultado que la opción de salida de la Unión Europea y se formara el Brexit superara con 17.410.742 votos equivalente al 51,9% ante quienes mantenían la posición de continuar formando parte de la de La Unión Europea los resultados con

16.577.342 votos representando el 48,1% de los que participaron en la consulta.

Cuadro 5. Países que se han Retirado de la Unión Europea

Países que se han Retirado de la Unión Europea	Descripción
Reino Unido	El Acuerdo de Retirada entró en vigor el 1 de febrero de 2020, tras haber sido acordado el 17 de octubre de 2019. El 1 de enero de 2021

Fuente: Autora, 2024

Países que No Forman Parte de la Unión Europea

A pesar de larga trayectoria y existencia de la Unión europea, aún hay una gran cantidad de países que no forman parte de la misma demostrando que a pesar de los cabios y transformaciones del mundo y de las exigencias de la sociedad aún continúan existiendo importantes limitaciones y/o restricciones para la integración y cooperación de todos los países en la Unión Europea generando preguntas e inquietudes relativas a la capacidad de la Unión Europea de superar esas limitaciones y/o restricciones para adaptarse a los cambios del mundo y poder subsistir en el futuro.

En el cuadro "Cuadro 6. Países que No Forman Parte de la Unión Europea" se encuentran un importante número de países que no forman parte de la Unión Europea debido a una serie de limitaciones y restricciones que los hace difícil y/o imposible considerar formar parte de la Unión Europea, pero abren la posibilidad de la posible conformación de una Unión que integre esos países que no forman parte de la Unión Europea y que sin duda representaría un cambio de situaciones y condiciones en el funcionamiento, capacidad y mantenimiento de los diversos objetivos, esfuerzos, y actividades que realiza la Unión europea en los diversos sectores.

Cuadro 6. Países que No Forman Parte de la Unión Europea

Países que No Forman Parte de la Unión Europea		
Federación Rusa	Serbia	Belarús

Croacia	Soberana Orden de Malta	Georgia
Islandia	Confederación Suiza	Kazajstán
Montenegro	Turquía	Ucrania (En discusión)
Noruega	Euroasia	
San Marino	Armenia	
Santa Sede	Azerbaiyán	

Fuente: Autora, 2024

La Unión Europea se presenta con una gran cantidad de objetivos y valores para continuar avanzado en su desarrollo y protegiendo tanto a las personas como a todos los seres vivos que se encuentran dentro del territorio de la Unión Europea, entre los objetivos de mayor relevancia se encuentra la promoción de las paz, vida, desarrollo, la protección de los derechos, el desarrollo sostenible, desarrollo económico, igualdad, protección de diversidad cultural, la protección de los Derechos Humanos y el respeto al Derecho Internacional. Mientras que los valores van en la misma dirección que los objetivos de la Unión Europea entre los que se encuentra el respeto a la dignidad humana, la libertad de movimiento y circulación que han de disfrutar todos los ciudadanos, habitantes, y residentes de alguno de los países de forman parte de la Unión Europea, funcionamiento y mantenimientos de los principios de la democracia representativa, mantenimiento, protección y respeto a los principios de igualdad, mantenimiento del estado de Derecho, y protección de los Derechos Humanos pudiéndose observar que son muy pocas las diferencias existentes entre los objetivos y valores de la Unión Europea permitiéndose considerar aspectos de participación e intervención a países y situaciones que se encuentran fuera de la Unión Europea.

Reglamento de Inteligencia Artificial de la Unión Europea

El Reglamento de Inteligencia Artificial de la Unión Europea es de importante significado y repercusión tanto para los países miembros de la Unión Europea como para todos los demás países que no forman parte de la Unión Europea, creando una nueva situación para la Inteligencia Artificial y todos los sectores alrededor de la Inteligencia Artificial, es especial el referido al aspecto legal.

Con la aprobación del Reglamento de Inteligencia Artificial de la Unión Europea surgen importantes situaciones que pueden llevar a conflictos y/o contradicciones entre la Inteligencia Artificial y las Leyes siendo que las existentes no contemplan ninguna norma jurídica a este respecto, y aun cuando el Reglamento de Inteligencia Artificial de la Unión europea contempla lo relativo a procedimientos y lapsos para solución de los conflictos que presenten en materia de Inteligencia Artificial, así como, la disposición de normas jurídicas referidas a obligaciones, responsabilidades, indemnizaciones, remedios, y sanciones, pero a su vez la falta de profesionales legales (abogados) y jueces constituye otro aspecto no ha sido considerado y representa una importante contradicción capaz de producir negativos efectos a los avances y beneficios que representa y puede representar el Reglamento de Inteligencia Artificial de la Unión Europea, por cuanto en la actualidad los profesionales del derecho (Abogados y jueces) no cuentan con antecedentes (sentencias, jurisprudencias, investigaciones y publicaciones) en lo relativo al aspecto legal de la Inteligencia Artificial, haciendo más difícil proveer la correcta, adecuada, eficaz y eficiente aplicación del

Reglamento de Inteligencia Artificial de la Unión Europea pudiendo transformar lo en un Reglamento ineficiente e incapaz de cumplir con sus objetivos, al igual de no poder ser capaz proteger a los Seres Humanos, Inteligencia Artificial y resolver los posibles conflictos.

Tras múltiples discusiones y revisiones el 13 de Junio de 2024 fue aprobado El Reglamento de Inteligencia Artificial de la Unión Europea, pero uno de los aspectos de mayor preocupación y objeto de discusiones y debates es la fechad de entrada en vigor y aplicación que se realiza manera parcial y paulatina comenzando en el año 2025 y culminando en el año 2027 cuando se podrá decir que el reglamento de Inteligencia Artificial de Unión europea entra en vigor de manera completa y total, y es cuando se podrá observar y percibir todos sus efectos y consecuencias. Las fechas en que entre en vigor el Reglamento de Inteligencia Artificial de la Unión Europea está contemplado en el artículo 113, el cual presenta las siguientes fechas:

- ✓ Capítulo I y II en Febrero 2, 2025

- ✓ Capitulo III Sección 4, Capítulo V, Capítulo VII, y Capítulo XII y artículo 78 en Agosto 2, 2025 con excepción del artículo 101
- ✓ Artículo 6 (1) y las correspondientes obligaciones de este Reglamento en Agosto 2, 2027.

Al revisar las normas jurídicas a las cuales se hace referencia en el artículo 113 con las diferentes fechas en las que entra en vigor se puede apreciar importantes diferencias y posibilidad de existencia de conflictos entre la Inteligencia Artificial y el Reglamento de Inteligencia Artificial de la Unión Europea dejando un vacío y tiempo de indefensión e inseguridad, así como, la poca capacidad de respuesta y capacidad de cumplimiento no contemplando importantes aspectos como el manejo, funcionamiento y aplicabilidad del Reglamento en los diferentes sectores y actividades personales y profesionales, al igual que la capacitación e integración de los profesionales de Derecho para la cual no se han preparado ni tampoco cuenta con las Corte de Justicia y jurisdicciones en los cuales se determine con claridad y especificidad la solución de los conflictos que se presenten o puedan presentar en materia de Inteligencia Artificial.

Muchos de los aspectos desarrollados en el cuerpo normativo del Reglamento de Inteligencia Artificial se han presentado de manera general, produciendo como consecuencia que sean amplios y de libre interpretación y manejo permitiendo a su vez que sea capaz de generar conflictos no solamente entre la Inteligencia Artificial y el Reglamento de Inteligencia Artificial de la Unión Europea sino también entre la Inteligencia Artificial y las otras leyes que existen tanto a nivel individual de cada país como con las Leyes que comparten en la Unión Europea, abriendo la posibilidad y necesidad de que el Reglamento de Inteligencia Artificial de la Unión Europea que cuenta con una reciente fecha de aprobación tenga que ser objeto de Reforma de manera que sea capaz de brindar una mejor protección tanto a los habitantes de la Unión Europea como a la Inteligencia Artificial.

Anteriormente se hizo mención de manera general y simplificada a cuales son las normas jurídicas que han de entrar en vigencia según los contemplado en el artículo 113 del Reglamento de Inteligencia Artificial de la Unión Europea dejando ver que una cantidad de normas jurídicas de gran importancia no entraran en vigencia hasta el año

2027 dando más un año de diferencia, tiempo en el cual los efectos y consecuencias que se generen por el impacto de la Inteligencia Artificial no contaran con ningún tipo de protección contradiciendo lo dispuesto por el Reglamento en sus considerando.

- ✓ ¿De qué manera se puede proveer la debida garantía por parte del Reglamento de Inteligencia Artificial de la Unión Europea con las diferentes fechas de entrada en vigor?

Capítulo I (Disposiciones Generales) y Capítulo II (Practicas Prohibidas) entraran en vigor a partir del 2 de Febrero de 2025, estos capítulos están compuestos por un total de cinco artículos referidos a aspectos específicos necesarios para comprender el fundamento e importancia del Reglamento de Inteligencia Artificial de la Unión Europea.

Capítulo I Disposiciones Generales (Artículos 1-4)
- ✓ Artículo 1 Objeto
- ✓ Artículo 2 Ámbito de Aplicación
- ✓ Artículo 3 definiciones
- ✓ Artículo 4 Alfabetización en Materia de IA

Capítulo II Prácticas Prohibidas (Artículo 5)
- ✓ Artículo 5 Prácticas Prohibidas

En cuanto a los Capítulo III, Sección 4, Capitulo V, Capítulo VII y el Capítulo XII, así como, el Artículo 78 entrarán en vigencia y serán aplicables a partir de 2 de Agosto de 2025 a excepción del artículo 101, lo cual da un periodo de varios meses de diferencia para que puedan comenzar a generar efectos y reacciones.

Capítulo III Sistemas de la IA de Alto Riesgo
Sección 4 Autoridades Notificantes y Organismos Notificados
(Artículos 28-39)
- ✓ Artículo 28 Autoridades Notificantes
- ✓ Artículo 29 Solicitud de Notificación por Parte de un Organismo de Evaluación de la Conformidad
- ✓ Artículo 30 Procedimiento de Notificación
- ✓ Artículo 31 Requisitos Relativos a los Organismos Notificados

- ✓ Artículo 32 Presunción de Conformidad con los Requisitos Relativos a los Organismos Notificados
- ✓ Artículo 33 Filiales de Organismos Notificados y Subcontratación
- ✓ Artículo 34 Obligaciones Operativas de los Organismos Notificados
- ✓ Artículo 35 Números de Identificación y Listas de Organismos Notificados
- ✓ Artículo 36 Cambios en las Notificaciones
- ✓ Artículo 37 Coordinación de los Organismos Notificados
- ✓ Artículo 38 Coordinación de los Organismos Notificados
- ✓ Artículo 39 Organismos de Evaluación de la Conformidad de Terceros Países

Capítulo V Modelos de IA de Uso General (Artículos 51-56)
Sección 1 Reglas de Clasificación (Artículos 51-52)

- ✓ Artículo 51 Reglas de Clasificación de los Modelos de IA de Uso General como Modelos de IA de Uso general con Riesgo Sistémico

- ✓ Artículo 52 Procedimiento

Sección 2 Obligaciones de los proveedores de Modelos de IA de uso General (Artículos 53-54)

- ✓ Artículo 53 Obligaciones de los Proveedores de Modelos de IA de Uso General
- ✓ Artículo 54 Representantes Autorizados de los Proveedores de Modelos de IA de Uso General

Sección 3 Obligaciones de los Proveedores de Modelos de IA de Uso General con Riesgo Sistémico (Artículo 55)

- ✓ Artículo 55 Obligaciones de los proveedores de Modelos de IA de Uso General con Riesgo Sistémico

Sección 4 Códigos de Buenas Prácticas (Artículo 56)
- ✓ Artículo 56 Códigos de Buenas Prácticas

Capítulo VII Gobernanza (Artículos 64-70)
Sección 1 Gobernanza a escala de la Unión (Artículos 64-69)

- ✓ Artículo 64 Oficina de IA
- ✓ Artículo 65 Creación y Estructura del Consejo Europeo de Inteligencia Artificial
- ✓ Artículo 66 Funciones del Consejo de IA
- ✓ Artículo 67 Foro Consultivo
- ✓ Artículo 68 Grupo de Expertos Científicos Independientes
- ✓ Artículo 69 Acceso a Expertos por Parte de los Estados Miembros

Sección 2 Autoridades Nacionales Competentes (Artículo 70)

- ✓ Artículo 70 Designación de las Autoridades Nacionales Competentes y de los Puntos de Contacto Único

Capítulo XII Sanciones (Artículos 99-101)
- ✓ Artículo 99 Sanciones
- ✓ Artículo 100 Multas Administrativas a Instituciones, Órganos y Organismos de la Unión

✓ Artículo 101 Multas a Proveedores de Modelos de IA de Uso general (Este articulo no entrara en vigor en fecha 2 de Agosto de 2025)

El artículo 6, apartado 1 y las obligaciones correspondientes del presente Reglamento serán aplicables a partir de 2 de Agosto de 2027.

Artículo 6

Reglas de clasificación de los sistemas de IA de alto riesgo
1.Con independencia de si se ha introducido en el mercado o se ha puesto en servicio sin estar integrado en los productos que se mencionan en las letras a) y b), un sistema de IA se considerará de alto riesgo cuando reúna las dos condiciones que se indican a continuación:

a) Que el sistema de IA esté destinado a ser utilizado como componente de seguridad de un producto que entre en el ámbito de aplicación de los actos legislativos de armonización de la Unión enumerados en el anexo I, o que el propio sistema de IA sea uno de dichos productos, y

b) Que el producto del que el sistema de IA sea componente de seguridad con arreglo a la letra a), o el propio sistema de IA como producto, deba someterse a una evaluación de la conformidad de terceros para su introducción en el mercado o puesta en servicio con arreglo a los actos legislativos de armonización de la Unión enumerados en el anexo I.

Impacto de la Inteligencia Artificial

En el caso del impacto que produce la Inteligencia Artificial en el Medio Ambiente, los Derechos Humanos, Seres Humanos y en la Constitución Nacional se puede observar como la Inteligencia Artificial ha demostrado producir un importante impacto e influencia en todos los sectores y ámbitos de la vida causando cambios positivos y negativos que han llegado inclusive a los estilos de vida de cada una de las personas dando origen a nuevas distinciones o etiquetas sociales para quienes se encuentran involucrados con la Inteligencia Artificial en niveles altos, medios bajos o ninguno lo cual se suma a otro tipo de áreas de impacto como lo es específicamente el Medio Ambiente, los Derechos Humanos, el Ser Humano y la Constitución Nacional de allí que se puede decir a manera general que la Inteligencia

Artificial está presente en todos los sectores de forma casi indivisible sin que vaya a desaparecer o desligarse de manera total, pero se hace necesario la existencia de limitaciones y lineamientos para lograr un equilibrio favorable y lograr reducir o eliminar los impactos negativos.

Los cambios en las situaciones, condiciones y capacidades no solamente afectan a los Seres Humanos, desarrollo de los países, la sociedad y el mundo, también afecta a la Inteligencia Artificial impactando de manera directa e indirecta a todos los que se encuentran involucrados de alguna manera con este avance tecnológico.

El Impacto de la Inteligencia Artificial en el Medio Ambiente

En muchas ocasiones el avance de la tecnología ha sido
relacionado en actividades específicas y que requieren un cierto nivel de conocimiento directo o indirecto de tecnología que producen la apertura y posibilidades, también es necesario destacar aquellas actividades, conocimiento y uso en lo que es la Inteligencia Artificial que afectan de

manera negativa el Medio Ambiente y en otras ocasiones es considerado como una ayuda para encontrar los mecanismos necesarios para proteger el Medio Ambiente, no se puede negar que la Inteligencia Artificial al igual que todos los avances cuentan con aspectos positivos y negativos a lo cual se hace necesario hacer referencia a los muchos son los cambios que se han producido en la Inteligencia Artificial desde sus orígenes produciendo temores, expectativas, retos. En materia del Medio Ambiente surgen además una gran cantidad de interrogantes y aspectos que se deben considerar, tales como:

- ✓ ¿De qué manera la Inteligencia Artificial contribuirá o no en la Protección del Medio Ambiente?

- ✓ ¿De qué manera se podrá reducir el número de aspectos negativos para poder obtener el mayor número de resultados positivos?

- ✓ ¿De qué manera se puede incorporar la inteligencia artificial en la protección del Medio Ambiente?

Son solamente algunas de las muchas preguntas que hay y surgirán en torno a la Inteligencia Artificial y al Reglamento de Inteligencia Artificial aprobado por la Unión Europea la cual junto con discusiones y posiciones a favor y en contra de la Inteligencia Artificial y el Medio Ambiente.

El Medio Ambiente posee características particulares, únicas, y especiales que las hace impredecible y lleno de misterios requiriendo de un constante seguimiento, vigilancia para poder conocer y detectar los cambios, y efectos negativos que sufre el Medio Ambiente y a pesar de los grandes avances que ha logrado la Inteligencia Artificial no es posible determinar la capacidad y eficacia de esta en la protección del Medio Ambiente.

Mucho se ha dicho que la protección del medio ambiente y de cómo depende de todo los sectores, no solamente de un grupo o sector determinado lo cual ha llevado a considerar la posibilidad de incluir la Inteligencia Artificial, presentándola como una herramienta casi perfecta e independiente olvidando que la Inteligencia Artificial a pesar de brindar beneficios no puede funcionar y actuar de manera independiente e individual sin la ayuda y directa intervención de los seres humanos, también es importante mencionar que aun cuando la inteligencia artificial pueda ser empleada o utilizada para la protección del medio ambiente sus funciones y actividades serán limitadas y no podrá cumplir con eficacia todos los aspectos que son necesarios y requeridos, muchas son las limitaciones que se hacen presentes.

Uno de los retos de la Inteligencia Artificial en el Medio Ambiente se encuentra en las particularidades y diferencias tiene tanto en la Inteligencia Artificial como el Medio Ambiente, pero también en cómo lograr transformar las desventajas y retos de la Inteligencia Artificial en factores que puedan ser de ayuda sin afectar el Medio Ambiente y los avances de la tecnología.

La Inteligencia Artificial es conocida por integrarse y cumplir una función muy importante en la sociedad otorgando facilidades de comunicación, estudio, intercambio de informaciones, ello con el objetivo de continuar avanzando en el desarrollo de los diferentes ámbitos del país, pero a su vez también es capaz de generar contradicciones, conflictos e incluso temor en diferentes niveles y sectores de la sociedad y desarrollo, de allí que la necesidad de la existencia de una Legislación con el cual como en las diversas legislaciones nacionales e internacionales, al igual protejan los Derechos contemplados en la Constitución Nacional y que vaya en concordancia y al ritmo de los avances de la sociedad y del mundo sin que ello signifique una limitación, reducción o eliminación de los beneficios y/o aportes que de ello se pueden y son obtenidos, sino por el contrario se debe convertir en un soporte legal que contribuya a una mejor y capaz, eficiente herramienta cuya aplicación siempre este en beneficio de todo aquel que requiera de la utilización de la tecnología de manera directa o indirecta.

Impacto de la Inteligencia Artificial en los Derechos Humanos

Los conflictos entre la Inteligencia Artificial y los Derechos Humanos se encuentra presente en todos y cada uno de los Derechos Humanos sin excepción de ningún tipo, pero a la vez la Inteligencia Artificial ha sido generador y proveedor de positivos impactos cuyos resultados han sido de gran ayuda y contribución en áreas como la salud, y aun cuando resulta contradictorio que a pesar de las posibilidades y beneficios la utilización de la Inteligencia Artificial en la salud ha sido objeto de conflicto debido a que la misma también ha sido utilizada para afectar de manera negativa la salud incrementado niveles de riesgo, daños y llevar a cabo acciones contraria a los derechos (delitos), otras afectaciones en materia de salud están relacionados con el daño causado desde el punto de vista psicológico como consecuencia de los drásticos cambios que la Inteligencia Artificial ha causado, un ejemplo de ello es el caso mencionado anteriormente es la afectación emocional, aumento en los niveles de temores y desconfianza por la pérdida de empleo a causa de la Implementación y sustitución por causa de la Inteligencia Artificial. La educación, la capacidad y posibilidad de desarrollo económico, profesional y personal también son Derechos Humanos que de una u otra manera, directa o indirectamente se ven afectados por la Inteligencia Artificial y hacen que surjan las siguientes preguntas:

- ✓ ¿De qué manera se puede proteger los Derechos Humanos de la Inteligencia Artificial?

- ✓ ¿Los organismos nacionales e internacionales y las instituciones encargadas de proteger los Derechos Humanos están en capacidad de manejar y resolver los conflictos que se presentan entre los Seres Humanos y la Inteligencia Artificial?

Otro aspecto que se presenta y se hace cada día más complejo son los llamados Humanoides, siendo que han sido creados y desarrollados con la idea de que tengan casi las mismas capacidades, características, semejanzas a las del Ser Humano sin que se haya realizado las debidas evaluaciones, y consideraciones a las importantes diferencias, desventajas, dificultades y confrontaciones que se han de generar entre los Humanoides y los Seres Humanos y entre los Humanoides y los Derechos Humanos.

- ✓ ¿De qué manera los organismos e instituciones nacionales e internaciones encargados de proteger los Derechos Humanos van a ser capaces de distinguir y establecer las limitaciones entre los Seres Humanos y los Humanoides?

- ¿De qué manera las Leyes nacionales e internacionales en materia de Derechos Humanos podrán continuar manteniendo su vigencia y eficacia?

- ¿Cómo y cuándo se comenzará la discusión y entrada en vigencia de Leyes en materia de Derechos Humanos que contemplen a los Humanoides?

No cabe duda que los Derechos Humanos no estaban ni están preparados para el nivel de impacto que está generando la Inteligencia Artificial y que los organismos e institucionales de Derechos Humanos se ven obligados a tomar las medidas y acciones necesarios para poder contrarrestar los impactos negativos de la Inteligencia Artificial está generando, y evitar los daños que se están produciendo no solamente a los Seres Humanos viéndose también afectados el sistema legal y judicial de los Derechos Humanos tanto a nivel nacional, internacional y global, lo cual puede llevar a un retroceso sin precedentes y disminución de los logros que han obtenido en materia de Derechos Humanos.

Impacto de la Inteligencia Artificial en la Constitución Nacional

La Constitución Nacional por su carácter de base fundamental en el país debe ser capaz de proveer protección a la cual está obligada, es requerida y exigida todos los seres vivos que se encuentran bajo su potestad y protección sin importar la época o los cambios que sufran la sociedad y el medio para continuar avanzando en su desarrollo y exigencias.

- ✓ ¿Qué relación tiene la Constitución Nacional con la Inteligencia Artificial?

A la pegunta presentada anteriormente se puede dar como respuesta que en una primera instancia haciendo mención a dos temas que a pesar de ser totalmente diferentes al uno referirse al área legal y el otro a la ciencia, no dejan de estar estrechamente vinculados una a la otra, uno de los casos que se pueden mencionar donde la Inteligencia Artificial ha tenido una gran influencia pudiéndose contemplar como su influencia amplia los retos, avance y distanciamiento de la tecnología especialmente de la Inteligencia Artificial, además de influir en los distintos sectores y actividades que se realizan a diario convirtiéndose en casi indivisible e inseparable, siendo necesario establecer y crear estrategias, medidas y mecanismos para poder desarrollar límites y distancia entre la Inteligencia Artificial y la vida.

El Estado está formado principalmente por dos vertientes que son: El Gobierno del cual se desprende sus distintas ramificaciones (los poderes públicos, los entes gubernamentales, las alcaldías, la fuerza armada nacional entre otros) y la sociedad quienes también tienen su propias manifestaciones, (las empresas públicas y privadas son solamente un ejemplo de ello); en este sentido entre el gobierno y la sociedad existe un intercambio de derechos y deberes que deben estar regidos por una norma el cual recibe como nombre Constitución Nacional. En consecuencia, la Constitución Nacional constituye la norma más importante que debe ser respetada tanto por el gobierno como por la sociedad. Otra definición lo establece como el conjunto de leyes que regula la vida y acción de todos los habitantes de un Estado.

Figura 3. Conflicto entre la Inteligencia Artificial y la Constitución Nacional

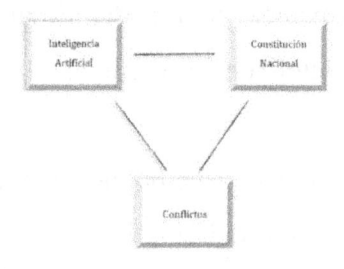

(Diagrama: Inteligencia Artificial y Constitución Nacional convergen en Conflictos)

Fuente: Autora, 2024

Uno de los conflictos de mayor trascendencia en el desarrollo, transformación, evolución, implementación y uso de la inteligencia artificial con la Constitución Nacional de cada país, bien se trate de la Constitución Nacional del país o de la Constitución de cada Estado creando una situación difícil y contradictoria al momento de llevar el ritmo y velocidad en la que ocurren las transformaciones e incorporación de los diferentes tipos de Inteligencia Artificial. El desarrollo de la Inteligencia Artificial y la creación de la llamada nueva sociedad en donde la Inteligencia Artificial (Humanoides) convive de manera conjunta y en igual de condiciones que los seres humanos.

- ✓ ¿Cómo es posible considerar la existencia de contradicciones y/o conflictos entre la Constitución Nacional y la Inteligencia Artificial?

La Constitución Nacional no puede ser analizada y puesta al mismo nivel que la Inteligencia Artificial, es una de las respuestas y consideraciones que son presentadas a este respecto, otra respuesta es las sostiene de manera firme y sin posibilidad de discusión alguna que no existe ninguna relación, conflicto y/o contradicción posible entre la Constitución Nacional y la Inteligencia Artificial, en ambos casos se observa cómo no acepan la existencia de una relación y/o contradicción dejando por fuera la cierta y existente relación, conflicto y contradicciones entre la Constitución Nacional y la Inteligencia Artificial.

A pesar de las posiciones existentes y puntos de visa de manera estricta, es necesario tomar en cuenta los factores, eventos y situaciones que dan origen a la existencia en el presente de la relación, conflictos y contradicciones y las que pueden surgir en el futuro siendo necesario que se implementen las medidas, mecanismos y estrategias necesarias para proteger la Constitución nacional y que ella pueda seguir cumpliendo con los objetivos, principios y derechos fundamentales contemplados dentro de su cuerpo normativo. La "Figura 3. Conflicto entre la Inteligencia Artificial y la Constitución Nacional" da inicio a nuevas interrogantes y dudas tanto de la Constitución Nacional como de la Inteligencia Artificial en grupo y por separado, produciendo a su vez respuestas que aun cuando contienen elementos relacionados con los conflictos entre la Constitución Nacional y la Inteligencia Artificial no cubren todas las situaciones dando como resultado que la respuesta es solamente parcial siendo incapaz de ofrecer una respuesta completa capaz de solucionar el conflicto que existe entre estos dos importantes aspectos en el presente y en el futuro.

Autores, estudiosos e investigadores de la Constitución Nacional en cada país a lo largo del tiempo han realizado la importante labor de definir, y tratar de explicar el significado, objetivos, principios e importancia de la Constitución Nacional tanto para el país, sus ciudadanos(as), desarrollo y evolución tanto a nivel interno (nacional) como externo (internacional).

Los diversos eventos por los que ha pasado la Constitución Nacional en el mundo antes de llegar a su entrada en vigencia demuestran los difíciles momentos de la evolución y transformación de la sociedad los cuales junto con las múltiples reformas y/o enmiendas de las que han sido objeto desde su entrada en vigencia sin que ello afecte la importancia, relevancia que tiene y ejerce en el mundo.

Uno de los factores que destaca el carácter especial y único de la Constitución Nacional es el referido a la características y particularidades sociales, culturales de cada país, sin embargo, es necesario destacar la manera en que se encuentra muy vinculado a la Constitución Nacional y la Inteligencia Artificial la cual muy pocas veces es discutido como parte inseparable de la Constitución Nacional, no siendo otro más que el Sistema Jurídico de cada país.

Algunas de las definiciones más comunes de la Constitución Nacional son presentadas de manera general y amplia en diccionarios generales, diccionarios jurídicos, distintos niveles de educación utilizando un lenguaje adecuado, así como, el área de desarrollo profesional y lenguaje técnico y/o jurídico de manera que puede ser de fácil entendimiento y manejo por parte de todas las personas, pudiéndose mencionar:

"Es el principal documento jurídico del país."

"Es el documento fundamental por el cual se debe regir el gobierno, los ciudadanos."

"Es la Carta Fundamental del país del cual surgen las obligaciones, deberes, derechos que tienen que cumplir el gobierno, los(as) ciudadanos(as), surgen las leyes y se aplican sanciones."

Tomando en cuenta las diversas definiciones mencionadas anteriormente es necesario hacer referencia ar otro factor de gran influencia y relevancia por lo que la Constitución Nacional, siendo esta el Sistema Jurídico, en tal sentido, es importante destacar la existencia de diferentes Sistemas Jurídicos (Derecho Continental o Civil Law, Derecho Anglosajón o Common Law, Derecho Consuetudinario o Customary Law, Derecho Religioso o Religious Law y Derecho Mixto o Mixed Law) pudiéndose observar una importante interrelación e influencia desde la Constitución

Nacional hacia el Sistema Jurídico y desde el Sistema Jurídico hacia la Constitución Nacional.

- ✓ ¿Es influencia existente desde la Constitución Nacional hacia el Sistema Jurídico y desde el Sistema Jurídico hacia la Constitución Nacional afecta de manera alguna la adaptación de la Constitución Nacional y del Sistema Jurídico al cumplimiento de las exigencias y transformaciones de la sociedad?

En la actualidad no es posible negar que la de los países del mundo la Constitución Nacional ha sido objeto de enmiendas y/o reformas de manera de poder lograr una efectiva y eficaz adaptación a las transformaciones de la sociedad, sin que ello signifique que debe perder su fundamento y poder incorporarse a los cambios que exigen la sociedad y el mundo donde en la actualidad existe una mayor integración, participación, intercambio e interacción entre todos los países del mundo. Algunos países que cuentan con diferentes sistemas judiciales se mencionan a continuación.

Cuadro 7. Sistemas Jurídicos

Sistemas Jurídicos	Países Miembros
Derecho Continental	Albania, Angola, Argentina, Belarus, Bélgica, Cambodia, Fiji, Finlandia, Francia, Guatemala, México, Rusia, Turquía, Turkmenistán, Venezuela, Vietnam
Derecho Anglosajón	Anguila, Antigua y Barbuda, Australia, Bahamas, Canadá, Reino Unido, Nueva Zelanda, Tonga, Trinidad y Tobago
Derecho Consuetudinario	Andorra, Jersey, Guernsey
Derecho Religioso	Afghanistan, Maldivias, Arabia Saudita
Derecho Mixto	Algeria, Bahrain, Bangladesh, Bhutan, Bostwana, Camerún, Chad, China, Egipto, Etiopía, Ghana, Hong Kong, India, Indonesia, Japón, Israel

Fuente: Autora, 2024

En el "Cuadro 7. Sistemas Jurídicos" se observa las forma en cómo se encuentra distribuido los sistemas jurídicos en los diferentes países demostrando además que los países mencionados son solamente cuentan con diferencia en los sistemas jurídicos, sino también en la Constitución Nacional, cultura, economía los cuales a pesar de la diferencia existente en estos aspectos han logrado tener un aumento en semejanzas, reducción de límites y fronteras en diversas áreas, así como, logrando una incorporación entre los países integrando los sistemas jurídicos y destacando que son mayores las similitudes en la Constitución Nacional compartiendo las mismas bases, principios y demostrando que las diferencias son menores de las que en realidad son consideradas como tal.

Impacto de la Inteligencia Artificial en el Ser Humano

Hay un aspectos que muy poca discusión, debate y consideración se ha realizado desde el origen de la Inteligencia Artificial y en especial en la actualidad es el impacto, influencia y relación que se produce entre la Inteligencia Artificial y el Ser Humano, limitándose solamente a los diversos áreas y actividades en los que se puede implementar y utilizar la Inteligencia Artificial olvidando y dejando de lado otros aspectos que repercuten tanto positiva como negativamente en la Inteligencia Artificial y en el Ser Humano.

Al hace referencia de la Inteligencia Artificial y el Ser Humano no es posible hablar de semejanzas y diferencias o de beneficios o desventajas sino de impactos, riesgos e influencias positivos y negativos que tiene la Inteligencia Artificial sobre el Ser Humano creando situaciones que son capaces de no solamente presentarse en la actualidad sino también mantenerse y extender en el futuro junto con el surgimiento de nuevos y diferentes eventos, y retos que han de hacer más difícil y compleja la relación y coexistencia entre la Inteligencia Artificial y los Seres Humanos.

La nueva y reciente difusión de la Inteligencia Artificial a siendo mantenido con la imagen de los grandes beneficios y bondades de la Inteligencia Artificial en todas las áreas, sectores y actividades que realiza el Ser Humano incluso en aquellas actividades destinadas al arte, la creación, la imaginación, diseño e incluso la creación desplazando y restándoles importancia y valor a la particularidad y especialidad que solamente puede ser transmitido por el Ser Humano. Imágenes, diseños, fotografías que, si bien utilizando la Inteligencia Artificial logra un realce en el color, desplaza y pierde el original y verdadero sentido de esa imagen, diseño o fotografía, desplazando a los artistas por personas con conocimiento básico de Inteligencia Artificial pueden pintar cuadros o editar fotografías como si fueran los artistas o autores originales si bien con esto pareciera que la Inteligencia Artificial es negativa.

Es importante destacar que la Inteligencia Artificial puede ofrecer ayudar en ciertos y determinados casos, pero cómo es posible lograr un balance y adecuado equilibrio entre el uso de la Inteligencia Artificial y el trabajo realizado por los artistas, diseñadores y fotógrafos manteniendo la originalidad y valor de sus trabajos, pero también es necesario considerar a quienes no son artistas, diseñadores o fotógrafos y deben acudir al uso de la Inteligencia Artificial para la completación de trabajos y/o proyectos lo cual debe realizarse cumpliendo ciertos lineamientos que puedan significar danos para ninguna de las partes que directa o indirectamente requieren utilizar la Inteligencia Artificial.

La dependencia e incapacidad de desprenderse o desligarse del uso de la Inteligencia Artificial es uno de los más grandes y graves danos que la Inteligencia Artificial causa a todos los seres Humanos, siendo que cada día los Seres Humanos se vuelven más vulnerables y dependientes al uso de la Inteligencia artificial por su facilidad, atractivo y mayormente por la gran publicidad que se le ha dado y presentado al mundo.

Las actividades personales realizadas por los Seres Humanos para desarrollar capacidades mentales, reflexiones, deporte, lograr la interconexión con el medio ambiente, e incluso de meditación se ven afectados por la Inteligencia Artificial en el punto de que dichas actividades están siendo cada vez más reemplazados por actividades que realicen utilizando la Inteligencia Artificial como por ejemplo la realización de deportes que se suelen realizar en zonas abiertas ahora se realizan en una habitación cerrada, la experiencia que se tenía al seleccionar o buscar una canción, álbum, cd de música y pasar por los recuerdos y aventuras ha sido sustituidos por decir "… por la canción xxxxxxxx de xxxxxx".

La conexión con el medio ambiente también se ve afectada con el uso excesivo de la Inteligencia Artificial haciendo que el Ser Humano recurra a la utilización de distintas herramientas tecnológicas desarrolladas con la Inteligencia Artificial para tener la impresión o imagen de estar conectados y de trasladarse a un lugar específico, como puede ser caso de una aventura en un kayak en un rio, ir de campamento, sentarse en el campo, escalar un montaña, actividades que han sido sustituido por la tecnología, pero no son capaces de general la verdadera y única conexión que se produce al no utilizar la tecnología y la Inteligencia Artificial.

Determinar y establecer límites en la Inteligencia Artificial es uno de los aspectos que mayor complejidad y dificultad genera al momento de su desarrollo, implementación y puesta en uso, ello debido a los cambios que se producen en los distintos aspectos de avance tanto profesional como personal, también detallando la posibilidad de utilizar la tecnología en todos y cada uno de las actividades, ámbitos y sectores de la vida.

La vida social, es otro de los aspectos que se ven afectados con el uso de la Inteligencia Artificial es la vida social que el Ser Humano tienen tanto con amistades como con familiares viéndose cada vez más reducida la conexión o comunicación personal sustituyéndolo con comunicaciones y encuentros lejanos, incrementando la distancia y separación social, afectuosa o sentimental y personal que solamente los Seres Humanos son capaces de brindar, por la utilización de una herramienta tecnológica que ha sabido ser empleada sino que por el contrario ha sido ese desarrollo tecnológico la que ha dominado la vida del Ser Humano.

El avance, transformación de la sociedad debe ir de la mano del cambio y transformación de todos los sectores y ámbitos para poder lograr tener una coordinación y relación eficaz, eficiente, armónica, capaz de lograr una relación equilibrada y de igual de condiciones para poder asegurar el éxito, permanencia en el tiempo, superación de los retos que existen y pueden existir o presentarse, además de ser capaces de sobrevivir sin que ninguno (Ser Humano e Inteligencia Artificial) se vean afectado de manera negativa restringiendo las posibilidades y capacidades que tiene cada uno, logrando reducir los danos y riesgos para el Ser Humano y la Inteligencia Artificial.

Con el desarrollo masivo e incorporación en todos los sectores y actividades se ha logrado avanzar en lo que autores y especialistas han advertido desde hace varios años que es la creación de dos sociedades los cuales son la sociedad de los Seres Humanos y la sociedad de la Inteligencia Artificial conocida como la sociedad de los denominados o llamados "Humanoides" lo cual crea situaciones complejas y difíciles al momento de establecer una correcta y equilibrada convivencia, creando diferencias y problemas en diferentes ámbitos como en el caso de diferencias en el ámbito legal (derechos, obligaciones, responsabilidades y sanciones), la existencia y coexistencia de estas dos sociedades puede producir no solamente importantes retos sino también la necesidad de crear y contar con estrategias y mecanismos que puedan ser aplicadas e implementadas de manera inmediata y puedan adaptarse a los cambios y tiempo.

Contrario a lo que pareciera de que toda la existencia y relación entre los Seres Humanos y la Inteligencia Artificial es mala, negativa y productora de efectos e impactos contrarios a lo que debería ser es necesario decir que no, por el contrario la Inteligencia Artificial ha demostrado tener y proveer importantes y positivos impactos y acciones que contribuyen al desarrollo tanto en los diferentes ámbitos políticos, económicos, científicos, investigaciones, pero también en lo que se refiere a algunas áreas y actividades personales y profesionales de cada una de los Seres Humanos (personas) siendo proveedores de ayuda, capacidades, desarrollo e incluso de gran soporte en lo que se refiere al área de la salud. Estos dos aspectos (positivo y negativo) a pesar de demostrar tener un alto nivel de contradicción y conflicto también demuestran que uno es el soporte y equilibrio del otro y si faltase uno de ellos no podría funcionar ni tener éxito y menos aún mantenerse en el presente, al igual que continuar avanzando y desarrollándose en el futuro, entonces las pregunta son:

- ✓ ¿Cómo se puede lograr un equilibrio entre el Ser Humano y la Inteligencia Artificial sin que uno signifique riesgo y/o daño para el otro?

- ✓ ¿Cómo prevenir y/o detener que el Ser Humano y la Inteligencia Artificial sin que uno represente una invasión de espacio y capacidades del otro?

Preguntas que además de presentar la necesitar de contar con estrategias y mecanismos de prevención, indica la importancia de establecer límites en el uso de la Inteligencia Artificial en cada uno de los aspectos y actividades de la vida diaria (personal y profesional) que realiza el ser humano, la cual además será capaz de producir un aumento en las ventajas, beneficios y capacidades en la utilización de la Inteligencia Artificial, así como, entendiendo que las capacidades y habilidades del Ser Humano y de la Inteligencia Artificial son distintas en todos los niveles y aspectos aun cuando se busque que la Inteligencia Artificial cuente con las mismas habilidades y capacidades del Ser Humano, siempre va a existir distinciones entre ambos.

Un ejemplo de cómo se ha utilizado la Inteligencia Artificial de una manera masiva creando un importante impacto que en un gran nivel es considerado como un negativo impacto e incluso invasivo afectando los derechos del Ser Humano es el que se pueden mencionar como ejemplo el caso del Henn na Hotel Tokyo Akasaka el cual es conocido por ser un hotel atendido por Robots y por ser completamente tecnológico tal como lo indica su página web

"…Guinness World Record-certified as the world's first hotel where robots work.

"Henn na Hotel" uses a variety of advanced technologies to support a comfortable hotel stay.

Our hotel is committed to evolving to meet the needs of the times and beyond, without being limited to one style…"

Al tratarse de un hotel con estas características no se tiene ningún contacto con un Ser Humano (persona) cubriéndose todas las necesidades por un Robot (Inteligencia Artificial) abriendo las posibilidades de apertura de otros hoteles de este tipo en el mundo el cual cuenta con aspectos positivos y negativos siendo que las perspectivas y puntos de vista con respecto a este hotel van más allá que solamente consideraciones en base al desarrollo tecnológico o avance y desarrollo de la Inteligencia Artificial, también refiriéndose a la perdida de contacto con otro Ser Humano (Persona), perdidas de empleo, un mayor aislamiento y separación.

En el caso de los llamados Robots de Servicio es posible ver como cada son más comunes la distribución y uso de este tipo d Robot, pero que debido a su costo solamente pueden ser adquiridos por quienes disponen de la capacidad económica para ello, este tipo de Robot (Inteligencia Artificial) ha sido promovido como el ayudante que el Ser Humano necesita para la realización de cierto tipo de actividades que puedan significar o no riesgo o incluso para la realización de actividades, servicio, mesoneros para restaurantes y funciones del hogar, sin embargo, no se hace referencia al otro lado de este Robot o Inteligencia Artificial referido a la conocimientos necesarios para su funcionamiento, entendimiento, mantenimiento, y que acciones se ha de tomar en caso de fallas o funcionamiento errático, olvidando que no todas los Seres Humanos (personas) cuentan con los conocimientos, mecanismos y medios para manejar las diferentes situaciones que se pueden presentar.

Conclusión

Múltiples son las discusiones, posiciones y punto de vista que existe en relación a la Inteligencia Artificial, muchas son las ventajas y beneficios con los que ha vendido y promovido la existencia y necesidad de la inteligencia artificial para diversas actividades, funciones, uso en los diversos sectores (gobierno, público, privado, militar, policial, seguridad, social, civil, profesional, personal) pero también se ha demostrado la gran cantidad de debilidades, retos, contradicciones fallas y riesgos que la Inteligencia Artificial trae consigo y que no fue ni ha sido tomado en cuenta, con excepción de un grupo pequeño de países y legisladores que han planteado la necesidad de regular la inteligencia artificial no se ha otorgado la debida discusión y seriedad que amerita la inteligencia artificial.

La Inteligencia Artificial se ha involucrado en todos los sectores y ámbitos tanto nacional como internacional demostrado a su vez un alto riesgo y descontrol en el uso d este avance tecnológico incluso para realizar actividades que van en contra de la ley, transformándolo que es un avance tecnológico positivo e importante en algo con más tendencia a s ser negativo y producir negativos impactos, efectos en el mundo, aumentando los temores y necesidad de crear medios de seguridad y protección en contra de la inteligencia artificial.

¿Cómo es posible que la Inteligencia Artificial haya podido ser capaz de generar una situación tan contradictoria donde no solamente es capaz de ofrecer ventajas, sino que también hace necesario tomar medidas de protección contra ella? Resulta contradictorio y más difícil aun en el lograr obtener un equilibrio entre la Inteligencia Artificial, los Seres Humanos, el Medio Ambiente, los Derechos Humanos y la Constitución Nacional, sin duda una situación que necesita de la intervención directa e indirecta de todos los sectores y ámbitos de la sociedad, y de todos los países tanto a nivel nacional como internacional.

Considerar que la Inteligencia Artificial puede alcanzar a cumplir con todas las actividades y acciones que realiza el ser humano o que incluso los puede superar es un error por cuanto aun cuando tiene importantes aptitudes es totalmente diferente y no cuenta con ciertas capacidad, cualidades y calificaciones que tiene de manera única y especial el Ser

Humano, incrementando las diferencias que existe en la actualidad, incrementando el nivel y cantidad de desventajas y debilidades que la tecnología debe superar para poder continuar ofreciendo posibilidades y no convertirse en proveedor de desventajas y negativos efectos en el mundo, un ejemplo de cómo se ha extralimitado el uso, implementación y desarrollo de la Inteligencia Artificial se presenta al quererse otorgar o pretender hacer creer que la Inteligencia Artificial posee capacidades y/o habilidades predictivos y/o proféticos.

Situaciones, eventos, transformaciones, y retos siempre han sido y van a ser parte de la Inteligencia Artificial, los Seres Humanos, el medio ambiente, los Derechos Humanos y la Constitución Nacional, siendo necesario siempre contar con estrategias y mecanismos adecuados para que puedan ser implementadas en el presente, así como, para que puedan adaptarse y mantenerse en el futuro permitiendo así reducir y/o eliminar los negativos efectos o impactos que es capaz de producir la existencia de leyes, reglamentos, normas jurídicas que regulen la creación, existencias, transformaciones y uso de la Inteligencia Artificial, así como, su incorporación en la vida como parte de la sociedad.

La aprobación y entrada en vigencia del Reglamento de Inteligencia Artificial aprobada por la Unión europea es uno de los cambios que han de generar un importante impacto e influencia a nivel mundial en tos los ámbitos y sectores que tienen relación directa e indirecta con la Inteligencia Artificial incluyendo los Seres Humanos demostrando la existencia de diferencias entre la Inteligencia Artificial con los Seres Humanos, Medio Ambiente Derechos Humanos y la Constitución Nacional, así como, la incapacidad e imposibilidad de la Inteligencia Artificial de ser y adoptar todas las cualidades, capacidades y particularidades que tiene el Ser Humano

Referencias

Carta Democrática Interamericana
https://www.oas.org/charter/docs_es/resolucion1_es.htm

Convenio sobre la política del empleo, 1964
https://normlex.ilo.org/dyn/normlex/es/f?p=NORMLEXPUB:12100:0::NO:12100:P12100_INSTRUMENT_ID:312267:NO

Reglamento de Inteligencia Artificial de la Unión Europea
http://data.europa.eu/eli/reg/2024/1689/oj

La Autora

Fatima K. Hosein se ha desarrollado su Carrera profesional Derecho, y Educación, así como, también mostrando especial interés en otras áreas.